NEJLEPŠÍ VEGANSKÁ DEZERTNÍ KUCHAŘKA

Uspokojte svou chuť na sladké 100 neodolatelně veganskými cukrovinkami

Barbora Neumanová

Materiál chráněný autorským právem ©2023

Všechna práva vyhrazena

Žádná část této knihy nesmí být použita nebo přenášena v jakékoli formě nebo jakýmikoli prostředky bez řádného písemného souhlasu vydavatele a vlastníka autorských práv, s výjimkou krátkých citací použitých v recenzi. Tato kniha by neměla být považována za náhradu lékařských, právních nebo jiných odborných rad.

OBSAH _

OBSAH 3
ÚVOD 6
COOKIES A LIŠTY 7
   1. Měkké a žvýkací sušenky s citronem a mákem 8
   2. Posypané sušenky v pekařském stylu 11
   3. Černobílé cookies ve stylu New Yorku 13
   4. Čokoládové, karamelové a kokosové kroužky 16
   5. Skořicovo-pekanové víry 19
   6. Podzimní listí 21
   7. Italské duhové sušenky 23
   8. Sušenky s jablečným koláčem 26
   9. Ořech Petites 29
   10. Borůvkové tvarohové tyčinky 31
   11. Citronové čtverce 34
   12. Čokoládové a kokosové tyčinky snů 36
   13. Náměstí Skalnatý SilniceSquares 38
   14. Čokoládové tyčinky Éclair 40

KOLÁČKY A KOLÁČKY 42
   15. Košíčky Snickerdoodle s máslovým krémem z hnědého cukru 43
   16. Zasněné čokoládové košíčky plněné smetanou 46
   17. Zmrzlinový pohár dortové kornouty 49
   18. Sweet Potato & Coffee Brownies 52
   19. Čokoládovo-cukrový cheesecake 54
   20. Sušenky a krémové košíčky 56
   21. Jahodovo-vanilkové pečené oříšky 59
   22. Glazovaný borůvkový kávový dort Streusel 61
   23. Dort s banánovým pudinkem 64
   24. Mrkvový dort se smetanovo-sýrovou polevou 66
   25. Dvojitý čokoládový dort 69
   26. Toastový dort s kokosovou vrstvou 72
   27. Dort v hrnku 75
   28. Kaštanovo-kakaový dort 77
   29. Schwarzwaldský dort 79
   30. Dýňový dort 82
   31. Deeply Deish Frosted Chocolate Cake 84

PUDINKY 87
   32. Avokádový pudink 88
   33. B pudink z jahod 90
   34. Chlebový nákyp se skořicí 92
   35. Kokosový rýžový nákyp 94

36. Mango tapiokový pudink 96
37. Banánový pudink Chia s arašídovým máslem 98
38. Malinový kokosový pudink 100

KORÁTY, PEČIVO A KOLÁČKY 102

39. Mini dortíky s kokosovým krémem 103
40. Kousky zázvorovo-hruškového koláče 105
41. Kanadské máslové koláče 107
42. Letní švec broskev a bobule 110
43. Poděkujte Dýňový koláč 112
44. Mini dorty s hořkou čokoládou a karamelem 114
45. Mazlavý Amish Karamelový koláč 116
46. Jižní sladký bramborový koláč 118
47. Mile-Vysoký Lemon Meringue Koláč 120
48. Babiččin borůvkový koláč 122
49. Date-Caramel Banoffee Koláč 124
50. Brusinkový koláč 126
51. Koláč rustikální chalupy 128
52. Jahodový pudinkový napoleon 130
53. Tiramisu 132

LŽIČKOVÉ DEZERTY 135

54. Mocha zmrzlina 136
55. Duhový šerbet 138
56. Sklizeň ovocný kompot 140
57. Dýně 142
58. Chia pudink 144
59. Dýňová drobnost 146
60. Dorts s malinovým coulis 148
61. Jahodové suflé 150
62. Avokádově limetkový sorbet infuzovaný koriandrem 152
63. Butternut Squash Mousse 154
64. Mražené hrnce na pěnu z máty peprné 156
65. Parfait s banánem, granou a bobulemi 158
66. Čokoládové fondue amaretto 160
67. Různé bobule Granita 162
68. No-Churn Skalnatý SilniceIce Cream 164
69. Trojnásobný Puding Parfait 166
70. Čokoládová pěna 168
71. Mražený ovocný dezert 170
72. Espresso Crème Caramel 172
73. Karamelizovaný banánovo-pekanový parfait 174
74. Černábobule Eton Mess 176
75. Malinovo-čokoládová drobnost 179
76. Pekanová zmrzlina 182
77. Brusinková zmrzlina 184

78. Dýňový krém 186
NEPEČENÉ DEZERTY **188**

    79. Díry skořice a javoru 189
    80. Citronově kokosové sněhové koule 191
    81. Máta peprná kůra z cukrové třtiny 193
    82. Poháry s arašídovým máslem s mořskou solí 195
    83. Čokoládové, třešňové a mandlové lanýže 197
    84. Sušenky a karamelové tyčinky 200
    85. „Top 5" tyčinka 203
    86. Čokoládové lasagne 206
    87. Nadstandardní rýžové cereálie 209

SLADKÉ SNĚŽKY **211**

    88. No-Fail Koláčcrust 212
    89. Pusinky bez vajec 214
    90. Hořká čokoláda Ganache 216
    91. Bezmléčná máslová poleva 218
    92. Náplň jablečného koláče 220
    93. Datlovo-karamelová omáčka 222
    94. Vanilkový pudink 224
    95. Kokosová šlehačka 226

ŠVEC A BŘEHÁKY **228**

    96. Jablečný Křupat Švec 229
    97. Borůvkový a broskvový křupavý 231
    98. Veganský broskvový švec 233
    99. Vegan Bobule Křupavý 235
    100. Veganský jablečný skořicový drobeček 237

ZÁVĚR **239**

ÚVOD

Vítejte v Nejlepší Veganská Dezertní Kuchařka, kde se rostlinné ingredience promění v symfonii sladkosti a soucitu. Tato kuchařka není jen sbírkou receptů; je to pozvání vydat se na delikátní cestu, která nově definuje samotnou podstatu dezertu. Ať už jste ostřílení nadšenci veganského požitkářství nebo jen ponoříte prsty do světa rostlinných pochoutek, považujte tuto kuchařku za svůj pas do země, kde se chutě, textury a radost z vědomého požitkářství prolínají.

Když společně vkročíme do tohoto kulinářského ráje, představte si svět, kde každé lahodné sousto není jen požitkem pro chuťové buňky, ale také vědomou oslavou. Dezert je zde více než jen příjemný závěr jídla; je to prohlášení – proklamace, že shovívavost může koexistovat harmonicky s etickými principy. Každý ze 100 pečlivě vybraných receptů na těchto stránkách je důkazem myšlenky, že potěšení nemusí ohrozit soucit.

Představte si, že se vaše kuchyně promění v útočiště, útočiště pro kreativitu a experimentování s chutí, kde je středem zájmu radost z požitkářství bez viny. Pečení se zde stává formou všímavého umění a každý vyrobený dezert je volbou, jak přijmout krutý a soucitný životní styl, aniž byste obětovali dekadenci, která definuje výjimečné sladkosti.

Připojte se k nám na tomto sladkém setkání, kde vás lákadlo veganských cukrovinek láká k objevování a experimentování. Nechte stránky této kuchařky být vaším průvodcem při procházení nádherným světem rostlinných dezertů, díky nimž bude každý výtvor oslavou nejen chuti, ale také etických rozhodnutí, které přispívají k soucitnějšímu světu. Vaše cesta do srdce sladkého požitku začíná právě teď. Nechť je vaše kuchyně plátnem pro delikátní mistrovská díla a ať je každý dezert vědomou oslavou mimořádné radosti, kterou najdete v každém kousnutí bez krutosti. Šťastné dopřávání!

COOKIES A BARY

1. Měkké a žvýkací sušenky s citronem a mákem

SLOŽENÍ:
PRO COOKIES:
- 2 lžíce horké vody
- 1 lžíce mletého lněného semínka
- 2 hrnky univerzální mouky
- 2 lžičky prášku do pečiva
- 1 lžička kukuřičného škrobu
- ½ lžičky soli
- 1 šálek krystalového cukru
- ½ šálku plus 2 lžíce veganského másla při pokojové teplotě
- Kůra ze 2 citronů
- 2 lžíce čerstvé citronové šťávy
- 2 lžíce máku
- 1 lžíce agávového nektaru

NA GLAZURU:
- 1 hrnek moučkového cukru
- 1 lžíce čerstvé citronové šťávy

INSTRUKCE:
a) Předehřejte troubu na 350ºF. 2 velké pečící plechy vyložte pečicím papírem.

VYTVOŘTE SOUBORY:
b) V malé misce smíchejte vodu a lněné semínko. Nechte stát asi 5 minut nebo do zhoustnutí. Mezitím ve střední míse smíchejte mouku, prášek do pečiva, kukuřičný škrob a sůl.
c) Elektrickým ručním mixérem v míse šlehejte cukr, máslo a kůru na středně vysokou teplotu asi 3 minuty, nebo dokud nebudou světlé a nadýchané.
d) Přidejte směs lněných semínek, citronovou šťávu, mák a agáve. Míchejte, dokud se nezapracuje. Snižte rychlost na nízkou a postupně přidávejte moučnou směs, dokud se nespojí.
e) Pomocí 2palcové naběračky na sušenky kápněte rovnoměrné množství těsta 2 palce od sebe na připravené plechy. (Pokud nemáte odměrku na sušenky, podívejte se na tabulku zde.) Jemně vyrovnejte rukama nebo dnem sklenice, dokud nebude ¼ až ⅓ palce tlustá. Pečte 12 minut nebo do světle zlaté barvy. Vyjměte z trouby, nechte 5 minut vychladnout a poté přendejte na mřížku, aby úplně vychladla.

UDĚLEJTE glazuru:
f) Mezitím v malé misce smíchejte cukr a citronovou šťávu.
g) Míchejte asi 5 minut, nebo dokud se nevytvoří hustá poleva. Pomocí polévkové lžíce nanášejte glazuru krouživými pohyby na každou sušenku, držte ji dál od okraje.
h) Necháme ztuhnout asi 20 minut, nebo dokud glazura nezaschne.

2.Posypané sušenky v pekařském stylu

SLOŽENÍ:
- 3 hrnky univerzální mouky
- 1 lžička prášku do pečiva
- ½ lžičky soli
- ¼ lžičky jedlé sody
- 1¼ šálku krystalového cukru
- 1 šálek veganského másla při pokojové teplotě
- ½ unce veganského smetanového sýra při pokojové teplotě
- ½ šálku neslazeného rostlinného mléka
- 2 lžičky vanilkového extraktu
- 1 šálek duhového posypu

INSTRUKCE:
a) Předehřejte troubu na 375ºF. 2 velké pečící plechy vyložte pečicím papírem.
b) Ve střední míse smíchejte mouku, prášek do pečiva, sůl a jedlou sodu.
c) Pomocí elektrického ručního mixéru v míse nebo stojanového mixéru s lopatkovým nástavcem šlehejte cukr, máslo a smetanový sýr na středním stupni po dobu 3 až 5 minut, nebo dokud nebudou nadýchané. Přidejte mléko a vanilku. Míchejte, dokud se nespojí. Snižte rychlost na nízkou a pomalu vmíchejte moučnou směs, dokud se nezapracuje. Dejte na 15 až 20 minut do lednice.
d) Sypání nasypte do mělké misky. Naberte asi 2 polévkové lžíce těsta a válejte v dlaních do tvaru koule. Přihoďte posypy, aby se obalily. Těsto položte na připravený plech. Opakujte se zbývajícím těstem ve vzdálenosti alespoň 2 palce od sebe, dokud nebudou oba pláty plné. (Těsto ještě zbude.)
e) Pomocí dna sklenice jemně zatlačte, dokud těsto nebude mít tloušťku asi ½ palce. Přidejte zbývající posypy, abyste vyplnili všechna prázdná místa. Pečte 9 až 10 minut, nebo dokud nebudou na dně velmi lehce zlaté. Nechcete, aby vršky ztmavly.
f) Vyjměte z trouby a nechte troubu zapnutou. Nechte 5 minut vychladnout a poté přendejte na mřížku, aby úplně vychladla. Vyměňte pergamenový papír a opakujte se zbývajícím těstem.

3. Černobílé cookies ve stylu New York

SLOŽENÍ:
PRO COOKIES:
- 3⅓ šálků univerzální mouky
- 1½ lžičky prášku do pečiva
- 1½ lžičky soli
- 1¼ šálku rostlinného mléka, rozděleno
- 2 lžičky vanilkového extraktu
- 1½ lžičky citronové kůry
- 1⅔ šálků krystalového cukru
- 1 šálek veganského másla při pokojové teplotě

NA VANILKOVOU PLAVINU
- 12 šálků moučkového cukru
- 1 hrnek rostlinného mléka
- 1 lžíce vanilkového extraktu

NA ČOKOLÁDOVOU PLAVINU
- 9 šálků moučkového cukru
- 3 šálky neslazeného kakaového prášku
- 1½ šálku rostlinného mléka

INSTRUKCE:
a) Předehřejte troubu na 375 °F. 2 velké pečící plechy vyložte pečicím papírem.

VYTVOŘTE SOUBORY:
b) Ve střední misce smíchejte mouku, prášek do pečiva a sůl.
c) V malé misce smíchejte 1 šálek mléka, vanilku a kůru.
d) Pomocí elektrického ručního mixéru ve velké míse nebo stojanového mixéru s lopatkovým nástavcem šlehejte cukr a máslo na středně vysokou rychlost, občas seškrábejte po stranách, po dobu 3 až 4 minut, nebo dokud nebude nadýchaná.
e) Přidejte zbývající ¼ šálku mléka a šlehejte, dokud se nezapracuje.
f) Počínaje a konče moučnou směsí postupně přidávejte směs mouky a mléčnou směs a po každém přidání míchejte, dokud se směs nespojí.
g) Pomocí 2-palcové naběračky na sušenky kápněte 3 polévkové lžíce těsta asi 2 palce od sebe na připravené plechy. (Pokud nemáte kopeček sušenek, podívejte se na graf zde.)
h) Pečte 10 až 12 minut, nebo dokud okraje nezezlátnou. Vyjměte z trouby. Přendejte na mřížky a nechte úplně vychladnout. Opakujte se zbývajícím těstem.

UDĚLEJTE VANILKOVOU glazuru:
i) V míse prošlehejte cukr, mléko a vanilku. Pod mřížky umístěte pečicí plechy s okrajem (sušenky nechte na mřížkách) a lžící nalijte na sušenky polevu, přebytek nechte okapat. Necháme 10 až 15 minut odstát, aby ztuhla.
j) Udělejte čokoládovou polevu: V míse prošlehejte cukr, kakao a mléko. Polovinou každé sušenky nalijte polevu a přebytek nechte okapat. Nechte asi 5 minut odstát.

4. Čokoládové, karamelové a kokosové kroužky

SLOŽENÍ:
PRO COOKIES:
- 2 hrnky univerzální mouky plus další na válení
- ¼ lžičky prášku do pečiva
- ½ lžičky soli
- 1 šálek veganského másla při pokojové teplotě
- ½ šálku krystalového cukru
- 2 lžíce rostlinného mléka
- ½ lžičky vanilkového extraktu

K NÁPLNĚ:
- 3 hrnky strouhaného neslazeného kokosu
- ¾ šálku veganského másla při pokojové teplotě
- ½ šálku krystalového cukru
- 14 uncí kondenzovaného kokosového mléka
- 3 lžíce světlého kukuřičného sirupu
- 1 šálek bezmléčných čokoládových lupínků

INSTRUKCE:
a) Připravte sušenky: Ve střední míse smíchejte mouku, prášek do pečiva a sůl.
b) Elektrickým ručním šlehačem ve velké míse šlehejte máslo a cukr na středně vysokou teplotu asi 5 minut, nebo dokud nebudou světlé a nadýchané.
c) Snižte rychlost na nízkou a postupně přidávejte moučnou směs, po každém přidání seškrábněte mísu. Přidejte mléko a vanilku. Míchejte, dokud se nespojí.
d) Těsto vyklopte na rovnou plochu a rozdělte na polovinu. Z obou polovin vytvarujte kotouče, každou zabalte do plastové fólie a dejte do chladničky asi na 45 minut, nebo dokud neztuhne.
e) Předehřejte troubu na 350 °F. 2 velké pečící plechy vyložte pečicím papírem.
f) Rovnou plochu a váleček lehce pomoučněte moukou. Rozválejte první kotouč těsta na tloušťku asi ⅛ palce. Pomocí 2palcového kulatého vykrajovátka na cukroví nakrájejte na kolečka. Umístěte 1-palcový kulatý vykrajovátka na cukroví do středu každého a vyřízněte menší kruh, abyste vytvořili kroužky. Kroužky dejte na připravený plech a opakujte se zbylým těstem.

g) Pečte 10 až 12 minut, nebo dokud velmi lehce nezhnědnou. Vyjměte z trouby a nechte zcela vychladnout na mřížce.
h) Připravte si polevu: Okrajový plech vyložte pečicím papírem. Strouhaný kokos rozprostřete na připravený plech a opékejte v troubě za častého míchání, aby se nepřipálil, 7 až 10 minut, nebo dokud lehce nezhnědne. Vyjměte z trouby.
i) Mezitím ve středním hrnci smíchejte máslo a cukr a míchejte na středním plameni, dokud se nerozpustí. Vmíchejte kondenzované mléko a sirup. Přiveďte k varu a poté okamžitě snižte plamen na mírný var. Vařte za stálého míchání 7 až 10 minut nebo do tmavě zlaté barvy. Rezervujte si ¼ karamelové omáčky v malé misce a do zbývající omáčky přidejte pražený kokos.
j) Odložený karamel rozetřete na každou sušenku, poté přelijte kokosovo-karamelovou omáčkou a přitlačte, abyste se ujistili, že drží. Necháme 30 minut vychladnout.
k) V žáruvzdorné skleněné míse umístěné nad hrncem naplněným 2 až 3 palci vroucí vody zahřejte čokoládové lupínky za častého míchání, dokud se nerozpustí. (Nebo rozpusťte v mikrovlnné troubě v 30sekundových intervalech, dokud nebude hladká, mezitím míchejte.)
l) Spodní část každé sušenky namočte do čokolády a položte na voskový papír, aby ztuhl. Vršky sušenek pomocí vidličky pokapejte ještě rozpuštěnou čokoládou. Nechte uležet, dokud neztuhne.

5. Skořice-Pecan Víry

SLOŽENÍ:

- 1¼ hrnku univerzální mouky a další na válení
- ¼ lžičky soli
- 1 šálek pekanových ořechů, jemně nasekaných
- ⅓ šálku krystalového cukru
- 1 lžička mleté skořice
- ½ šálku veganského másla při pokojové teplotě
- ½ šálku veganského smetanového sýra při pokojové teplotě

INSTRUKCE:

a) 2 velké pečící plechy vyložte pečicím papírem. V malé misce smíchejte mouku a sůl. V další malé misce smíchejte pekanové ořechy, cukr a skořici.

b) Pomocí elektrického ručního mixéru ve velké míse nebo stojanového mixéru s lopatkovým nástavcem šlehejte máslo a smetanový sýr na středním stupni asi 2 minuty, nebo dokud nejsou krémové. Snižte rychlost na nízkou a pomalu přidávejte moučnou směs a podle potřeby seškrabujte mísu. Těsto vyklopte na plát plastové fólie a vytvarujte obdélník. Zmrazte na 30 minut.

c) Lehce pomoučněte rovný povrch a váleček a těsto jemně rozválejte na obdélník o rozměrech 15 x 12 palců. Pekanovou směs rovnoměrně posypte.

d) Začněte z jedné dlouhé strany a těsto pevně srolujte do polena. Poslední ½ palce těsta potřete trochou vody, aby se okraj lépe přilepil. Překrojte napůl a přeneste obě polena na 1 plech. Zakryjte plastovým obalem a zmrazte na 45 minut.

e) Předehřejte troubu na 400 °F. Vyjměte 1 poleno z mrazničky a pomocí zoubkovaného nože nakrájejte na ¼ palce silná kolečka. Položte kolečka asi ½ palce od sebe na zbývající připravený plech. Pečte 12 až 14 minut, nebo dokud lehce nezhnědnou. Vyjměte z trouby, nechte 5 minut vychladnout a poté přendejte na mřížku, kde bude chlazení pokračovat. Opakujte se zbývajícím logem.

f)

6.Podzimní listí

SLOŽENÍ:
- 1 rolovaná chlazená koláčová kůra
- 2 polévkové lžíce rostlinného másla, rozpuštěného

INSTRUKCE:
a) Předehřejte troubu na 350 °F.
b) Vykrajujte tvary listů z koláčové kůry pomocí šablony, ostrého nože nebo vykrajovátka na cukroví.
c) Narýhujte čáry na „listových" výřezech nožem tak, aby připomínaly žilky na pravých listech, ale neprořízněte kůrku.
d) Pro vytvoření přirozené křivky během pečení umístěte výřezy na plech na cukroví nebo přehoďte přes svázanou hliníkovou fólii.
e) B potřete výřezy rozpuštěným rostlinným máslem.
f) Pečte 3 až 5 minut dozlatova.

7.Italské duhové sušenky

SLOŽENÍ:
PRO COOKIES:
- 2 hrnky univerzální mouky
- 1 hrnek mandlové mouky
- 1 šálek krystalového cukru
- 2 lžičky prášku do pečiva
- 1 lžička soli
- 1½ šálku mandlového mléka
- ½ šálku rostlinného oleje
- ½ lžičky mandlového extraktu
- 2 až 4 kapky veganského zeleného gelového potravinářského barviva
- 4 až 6 kapek veganského červeného gelového potravinářského barviva
- 1 (15 uncí) sklenice meruňkového nebo malinového džemu, rozdělená

NA ČOKOLÁDOVOU POLEVU:
- 1½ šálku čokoládových lupínků bez mléčných výrobků
- 1 lžíce tuhého kokosového oleje

INSTRUKCE:
a) Předehřejte troubu na 350 °F. Vyrovnejte 3 (9 x 13 x 1 ½ palce) olemované pečicí plechy pečicím papírem a nechte 2 až 3 palce viset přes všechny strany.

b) Připravte sušenky: Ve velké míse smíchejte univerzální mouku, mandlovou mouku, cukr, prášek do pečiva a sůl. Přidejte mléko, olej a mandlový extrakt. Šlehejte do hladka.

c) Pomocí kuchyňské váhy rozdělte těsto rovnoměrně do 3 misek. Přidejte 2 kapky zeleného potravinářského barviva do jedné misky a šlehejte, aby se spojily, v případě potřeby přidejte další, abyste dosáhli tmavě zelené barvy. Do druhé misky přidejte 4 kapky červeného potravinářského barviva, šlehejte, aby se spojily, a v případě potřeby přidejte další, abyste dosáhli tmavě červené (ne růžové) barvy. Třetí misku nechte tak, jak je.

d) Misku se zeleným těstem nalijte na jeden připravený plech, pomocí odsazené stěrky rovnoměrně rozetřete. Opakujte se zbývajícími 2 mísami těsta a zbývajícími 2 plechy na pečení. Pečte 15 až 18 minut, nebo dokud nebude párátko zapíchnuté do středu čisté. Vyjměte z trouby a nechte úplně vychladnout, asi 30 minut.

e) Polovinu džemu rovnoměrně rozetřeme po zelené vrstvě. Jemně zvedněte hladkou vrstvu z listu tak, že ji přidržíte za okraje pergamenu a zvednete ji. Otočte jej dnem vzhůru a položte na zelenou vrstvu, přičemž papír jemně sloupněte. Rovnoměrně potřete zbývajícím džemem a opakujte, abyste umístili červenou vrstvu na hladkou vrstvu.

f) Na velký pečicí plech s okrajem položte kus pečícího papíru větší než je dort. Na dort položte vyložený plech a otočte jej tak, aby plát se zelenou vrstvou směřoval nahoru. Odstraňte tento list, pevně zakryjte dort plastovým obalem a položte jej zpět na vrch. Uchovejte v chladničce a rovnoměrně ji zvažte umístěním plechovek nebo těžkých předmětů nahoru. Nechte chladit alespoň 4 hodiny. Rozbalte a odřízněte ¼ až ½ palce od konců, abyste vytvořili čisté okraje.

g) Okrajový plech vyložte pečicím papírem a na něj položte mřížku. Přeneste koláč na mřížku.

h) Připravte čokoládovou polevu: V žáruvzdorné skleněné misce umístěné nad hrncem naplněným 2 až 3 palci vařící vody zahřejte čokoládové lupínky a olej za častého míchání, dokud se nerozpustí. (Nebo rozpusťte v mikrovlnné troubě v 30sekundových intervalech, dokud nebude hladká, mezitím míchejte.)

i) Nalijte na celý dort a uhlaďte vršek a boky co nejlépe pomocí odsazené stěrky. Necháme ztuhnout 15 minut, nebo dokud čokoláda neztuhne.

j) Dort rozkrojte vodorovně na polovinu a každou polovinu nakrájejte na obdélníkové sušenky široké asi 1 palec.

8.Sušenky s jablečným koláčem

SLOŽENÍ:
PRO COOKIES:
- 2 lžíce horké vody
- 1 lžíce mletého lněného semínka
- 1¼ šálku univerzální mouky
- 2 lžičky prášku do pečiva
- ¼ lžičky soli
- ½ šálku veganského másla při pokojové teplotě
- ½ šálku krystalového cukru
- ½ šálku hnědého cukru
- 1 lžička vanilkového extraktu
- ½ středního jablka, oloupaného a nakrájeného na jemné kostičky

PRO POVLAK:
- 3 lžíce krystalového cukru
- 1 lžička mleté skořice
- ¼ lžičky mletého muškátového oříšku
- ¼ lžičky mletého zázvoru

INSTRUKCE:
a) Předehřejte troubu na 350 °F. 2 velké pečící plechy vyložte pečicím papírem.
b) Připravte sušenky: V malé misce smíchejte vodu a lněné semínko. Nechte asi 5 minut uležet. V další velké míse prošlehejte mouku, prášek do pečiva a sůl.
c) Pomocí elektrického ručního mixéru ve velké míse nebo stojanového mixéru s lopatkovým nástavcem šlehejte máslo, krystalový cukr a hnědý cukr na středně vysokou teplotu asi 3 minuty, nebo dokud se nespojí. Přidejte směs lněných semínek, vanilku a jablko. Míchejte, aby se spojily. Zapněte mixér na minimum a pomalu přidávejte moučnou směs a podle potřeby seškrabujte mísu.
d) Udělejte povlak: V malé misce smíchejte cukr, skořici, muškátový oříšek a zázvor.
e) Pomocí 1-palcové naběračky na sušenky nebo polévkové lžíce naberte těsto a vyválejte z něj kuličky.
f) Každou kuličku obalte ve směsi skořice a cukru.
g) Kuličky položte asi 2 palce od sebe na připravené plechy, mírně zploštte a pečte 12 minut, nebo dokud nejsou vršek a spodek lehce zlatavý.
h) Vyjměte z trouby. Necháme úplně vychladnout.

9.Ořech Petites

SLOŽENÍ:
- 8 uncí rostlinného smetanového sýra, změkčeného
- 1 šálek nesoleného veganského másla, změkčeného
- 2 hrnky univerzální mouky
- 2 lněná vejce
- 1½ šálku baleného hnědého cukru
- 2 hrnky nasekaných vlašských ořechů

INSTRUKCE:
a) Předehřejte troubu na 350 stupňů Fahrenheita.
b) Elektrickým mixérem vyšleháme rostlinný smetanový sýr a máslo do hladka.
c) Prosejte mouku a trochu soli a poté míchejte, dokud nevznikne těsto. Nakrájejte na čtyři těsta a dejte do lednice alespoň na 1 hodinu zabalit do plastové fólie .
d) Z každého kusu těsta vyválejte 12 kuliček a každou kuličku zatlačte na dno a okraje minimafinového košíčku, abyste vytvořili skořápku. Nechte v chladničce, dokud nebudete připraveni k použití.
e) V míse ušlehejte lněná vejce, hnědý cukr a špetku soli do hladka a poté vmíchejte vlašské ořechy.
f) Do každé skořápky dejte 1 lžíci náplně
g) Pečte po dávkách ve střední části trouby 25 až 30 minut, nebo dokud náplň nebude bublat a pečivo lehce zezlátne.
h) Přeneste do chladicího stojanu.

10. Borůvkové tvarohové tyčinky

SLOŽENÍ:
PRO KŮRU:
- 9 veganských Grahamových sušenek
- ⅛ lžičky soli
- ¼ šálku veganského másla, rozpuštěného

K NÁPLNĚ:
- 15 uncí veganského smetanového sýra při pokojové teplotě
- ⅔ šálku krystalového cukru
- ½ šálku kokosového oleje, rozpuštěného
- ⅓ šálku čerstvé limetkové šťávy

K NÁPLNĚ:
- 2 šálky čerstvých nebo rozmražených mražených borůvek
- ½ šálku plus 2 polévkové lžíce vody, rozdělené
- ½ šálku krystalového cukru
- 2 lžíce čerstvé citronové šťávy
- 1 lžička citronové kůry
- 2 lžíce kukuřičného škrobu

INSTRUKCE:

a) Předehřejte troubu na 350 °F. Vyložte pečicí plech o rozměrech 8 x 8 palců pečicím papírem a nechte asi ½ palce viset ze všech stran.
b) Udělejte kůrku: V kuchyňském robotu smíchejte krekry a sůl. Zpracujte na jemnou strouhanku. Během zpracování pomalu vlévejte máslo. Přeneste na pánev a pevně přitlačte, aby se vytvořila stejnoměrná kůrka. Pečte 5 až 7 minut nebo dozlatova. Vyjměte z trouby. Necháme vychladnout.
c) Připravte náplň: Pomocí elektrického ručního mixéru ve velké míse nebo stojanového mixéru s lopatkovým nástavcem šlehejte smetanový sýr, cukr a olej na středně vysokou teplotu asi 5 minut, nebo dokud se dobře nepromíchá. Přidejte limetkovou šťávu a šlehejte do krémova. Nalijte na povrch kůry a ochlaďte.
d) Připravte zálivku: Ve středním hrnci přiveďte k varu borůvky, ½ šálku vody, cukr, citronovou šťávu a kůru.
e) V malé misce smíchejte kukuřičný škrob a zbývající 2 lžíce vody. Pomalu nalijte do hrnce, během nalévání míchejte a vařte asi 5 minut, nebo dokud nezhoustne, aby pokryla zadní stranu lžíce. Necháme vychladnout.
f) Cheesecake přelijte omáčkou a poté dejte do lednice alespoň na 4 hodiny ztuhnout. Těsně před podáváním nakrájejte na tyčinky.

11. Citronové čtverce

SLOŽENÍ:

- 1 hrnek univerzální mouky
- ½ šálku veganského másla při pokojové teplotě
- 1¾ šálků krystalového cukru, rozdělených
- 1¼ šálku plnotučného kokosového mléka
- ¾ šálku čerstvé citronové šťávy (asi 4 až 5 citronů)
- 5 lžic kukuřičného škrobu
- 2 lžičky citronové kůry
- 3 lžíce moučkového cukru, na posypání
- 1 citron, nakrájený na půlměsíce, na ozdobu

INSTRUKCE:

a) Předehřejte troubu na 350 °F. Vyložte pečicí plech o rozměrech 8 x 8 palců pečicím papírem a nechte asi ½ palce viset ze všech stran.

b) Ve velké míse smíchejte mouku, máslo a ¼ šálku krystalového cukru. Pomocí vykrajovátka nakrájejte máslo do mouky, dokud nebude připomínat drobounké drobky a těsto se po stlačení mezi prsty spojí. Rovnoměrně vmáčkněte do připravené formy a pečte 12 až 14 minut, nebo dokud neztuhne, ale nezhnědne.

c) Mezitím ve středním hrnci na středním ohni smíchejte zbývající 1½ šálku krystalového cukru, mléko, citronovou šťávu, kukuřičný škrob a kůru. Dobře prošlehejte, aby se kukuřičný škrob úplně rozpustil. Vařte za stálého šlehání a sledování asi 7 minut, nebo dokud se cukr úplně nerozpustí a směs nezhoustne do konzistence podobné tvarohu.

d) Náplň rovnoměrně rozetřeme po krustě a pečeme 15 minut, nebo dokud povrch nebude jen bublat po okrajích. Vyjměte z trouby, nechte 15 až 20 minut vychladnout a poté alespoň 2 hodiny v lednici. Po ztuhnutí vyjměte z pánve a poprašte moučkovým cukrem. Nakrájíme na čtverečky a ozdobíme plátky citronu.

12.Čokoládové a kokosové tyčinky snů

SLOŽENÍ:
- 1½ šálku veganské čokoládové sendvičové sušenky
- 3 lžíce veganského másla, rozpuštěného
- ¾ šálku mini čokoládových lupínků bez mléčných výrobků
- ¾ šálku strouhaného neslazeného kokosu
- ½ šálku drcených preclíků
- ¼ šálku nasekaných arašídů
- 1¼ šálku konzervovaného kokosového mléka

INSTRUKCE:
a) Předehřejte troubu na 350 °F. Pekáč o rozměrech 8 x 8 palců vyložte pečicím papírem a ujistěte se, že je dostatečně dlouhý, aby visel ze všech stran.
b) Ve střední misce smíchejte drobky sušenek s máslem, dokud se nespojí. Drobenkovou směs vtlačte na dno připraveného pekáče, aby byla zcela zakrytá.
c) Navrch posypte čokoládové lupínky, kokos, preclíky a arašídy a poté celý pokrm zalijte kokosovým mlékem.
d) Pečte 30 minut. Vyjměte z trouby, nechte 10 až 15 minut vychladnout a poté dejte na 30 minut až 1 hodinu do lednice, aby ztuhlo. Nakrájejte na tyčinky a podávejte.

13. Skalnaté silniční náměstí

SLOŽENÍ:
- ½ šálku veganského másla, rozpuštěného
- 1½ hrnku veganské drobky z grahamového krekry (asi 10 grahamových krekrů)
- 1½ hrnku strouhaného neslazeného kokosu
- 1½ šálku nasekaných mandlí
- 2½ šálků bezmléčných čokoládových lupínků, rozdělených
- 1½ šálku mini veganských marshmallows, jako je značka Dandies
- 1 (14 uncí) plechovka kondenzovaného kokosového mléka

INSTRUKCE:
a) Předehřejte troubu na 350 °F.
b) V pekáči o rozměrech 9 x 13 palců smíchejte máslo a drobky na sušenky, aby se spojily. Pevně zatlačte na dno, aby se vytvořila kůrka.
c) Navrstvěte kokos, mandle, 2 šálky čokoládových lupínků a marshmallows. Zalijte kondenzovaným mlékem.
d) Pečte 25 minut nebo dozlatova. Vyjměte z trouby a navrch nasypte zbývající ½ šálku čokoládových lupínků. Před nakrájením na čtverečky nechte úplně vychladnout.

14.Čokoládové tyčinky Éclair

SLOŽENÍ:
PRO ÉCLAIRS:
- 15 až 20 veganských Grahamových sušenek, rozdělených
- 3½ šálků mandlového mléka nebo jiného rostlinného mléka
- 2 (3,4 unce) balení instantní veganské vanilkové pudingové směsi
- 3 šálky kokosové šlehačky nebo koupené v obchodě

K NÁPLNĚ:
- ¼ šálku čokoládových lupínků bez mléčných výrobků
- 2 lžíce veganského másla při pokojové teplotě
- 1½ šálku moučkového cukru
- 3 lžíce mandlového mléka nebo jiného rostlinného mléka
- 1 lžička světlého kukuřičného sirupu
- 1 lžička vanilkového extraktu

INSTRUKCE:
UDĚLEJTE ÉCLAIRS:
a) Do pekáče o rozměrech 9 x 13 palců navrstvěte polovinu sušenek a v případě potřeby je rozlomte na polovinu.
b) Ve velké míse smíchejte směs mléka a instantního pudinku. Šlehejte 2 minuty. Nechte 2 až 3 minuty odstát. Jemně vmíchejte šlehačku, dávejte pozor, aby nevyfoukla, a rovnoměrně rozetřete po vrstvě sušenek. Navrch dejte zbývající krekry a dejte vychladit.

UDĚLEJTE POLEVU:
c) V žáruvzdorné skleněné míse umístěné nad hrncem naplněným 2 až 3 palci vroucí vody zahřejte čokoládové lupínky a máslo za častého míchání, dokud se nerozpustí. (Nebo rozpusťte v mikrovlnné troubě ve 30sekundových intervalech, dokud se nespojí a nebude hladká, mezitím míchejte.)
d) Vmíchejte cukr, mléko, kukuřičný sirup a vanilku.
e) Rozprostřete na vrstvu sušenek, přikryjte a dejte do chladničky alespoň na 8 hodin. Až budete připraveni k podávání, nakrájejte na čtverečky.

KOLÁČKY A KOŠÍČKY

15. Košíčky Snickerdoodle s máslovým krémem z hnědého cukru

SLOŽENÍ:
NA KOŠÍČKY
- 3 hrnky univerzální mouky
- 1 lžička prášku do pečiva
- 1 lžička mleté skořice
- ½ lžičky soli
- 1¼ šálku krystalového cukru
- 1 šálek veganského másla při pokojové teplotě
- 2 lžičky vanilkového extraktu
- 1 šálek neslazeného jablečného pyré
- 1 šálek rostlinného mléka, rozdělený

NA POLOVU
- 1 ½ šálku veganského másla při pokojové teplotě
- 2 polévkové lžíce baleného hnědého cukru
- 1 lžička mleté skořice
- ½ lžičky vanilkového extraktu
- 4 šálky moučkového cukru, rozdělené

INSTRUKCE:

a) Předehřejte troubu na 350 °F. 2 standardní formy na muffiny vyložte papírovými vložkami.
b) Připravte košíčky: Ve velké míse smíchejte mouku, prášek do pečiva, skořici a sůl.
c) Pomocí elektrického ručního mixéru v další velké míse šlehejte cukr a máslo na středně vysokou teplotu asi 5 minut, nebo dokud nebudou světlé a nadýchané. Přidejte vanilku, poté jablečný pyré, po ¼ šálku a podle potřeby seškrábněte misku.
d) Snižte rychlost na nízkou a přidejte 1/3 moučné směsi, míchejte, dokud se nezapracuje, a poté ½ šálku mléka. Přidejte další ⅓ směsi mouky, poté zbývající ½ šálku mléka a zbývající směs mouky. Šlehejte, dokud se úplně nespojí.
e) Naplňte každý košíček na muffiny do ¾. Pečte 18 až 20 minut, otáčejte v polovině, nebo dokud párátko zapíchnuté do středu nevyjde čisté. Vyjměte z trouby a nechte úplně vychladnout, asi 20 minut.
f) Připravte polevu: Pomocí elektrického ručního mixéru ve velké míse šlehejte máslo, hnědý cukr, skořici a vanilku na střední stupeň asi 5 minut, nebo dokud nebudou světlé a nadýchané. Snižte rychlost na nízkou a pomalu vmíchejte 1 šálek moučkového cukru a šlehejte 1 minutu. Zvyšte rychlost na střední a šlehejte 3 až 4 minuty. Opakujte v krocích po 1 šálku se zbývajícími 3 šálky moučkového cukru.
g) Pomocí ofsetové špachtle nebo sáčku s velkou hvězdou nebo kulatou špičkou namrazte košíčky.

16.Zasněné čokoládové košíčky plněné smetanou

SLOŽENÍ:

- 1½ šálku univerzální mouky
- 1 šálek krystalového cukru
- ¾ šálku kakaového prášku holandského zpracování
- 1½ lžičky jedlé sody
- ¾ lžičky prášku do pečiva
- 1 šálek sojového podmáslí
- ½ šálku uvařené kávy, horké
- ½ šálku neslazeného jablečného pyré
- 1 lžička vanilkového extraktu
- 2 šálky kokosové šlehačky nebo koupené v obchodě, chlazené, dokud není potřeba
- 1 šálek bezmléčných polosladkých čokoládových lupínků
- ⅔ šálku kokosové nebo sójové smetany
- 1 hrnek moučkového cukru plus více podle potřeby
- 1 lžíce sójového mléka

INSTRUKCE:

a) Předehřejte troubu na 350 °F. 2 standardní formy na muffiny vyložte papírovými vložkami.
b) Ve velké míse smíchejte mouku, krupicový cukr, kakaový prášek, jedlou sodu a prášek do pečiva. Přidejte podmáslí, kávu, jablečný protlak a vanilku. Šlehejte, aby se spojily.
c) Naberte do připravených formiček na muffiny a každý košíček naplňte asi do ½. Pečte 18 až 20 minut, nebo dokud nebude párátko zapíchnuté do středu čisté. Vyjměte z trouby. Necháme úplně vychladnout.
d) Šlehačku přendejte do sáčku se střední kulatou špičkou nebo do uzavíratelného sáčku s odstřiženým rohem. Koncem stěrky nebo šlehače protlačíme do středu každého cupcaku dírku. Naplňte krémem. Košíčky zmrazte asi na 15 minut.
e) V žáruvzdorné skleněné míse umístěné nad hrncem naplněným 2 až 3 palci vroucí vody zahřejte čokoládové lupínky a kokosovou smetanu za častého míchání, dokud se nerozpustí. (Nebo rozpusťte v mikrovlnné troubě v 30sekundových intervalech, dokud nebude hladká, mezitím míchejte.)
f) V malé misce ušlehejte moučkový cukr a sojové mléko, dokud nebude hladká a poleva ze šlehací metly spadne. Pokud je příliš řídké, přidejte více cukru, po 1 lžíci, dokud nedosáhnete požadované konzistence. Přeneste do sáčku s malou kulatou špičkou nebo znovu uzavíratelného sáčku s odstřiženým rohem, aby se vytvořil velmi malý otvor.
g) Namočte nebo nalijte rozpuštěnou čokoládovou ganache na vrchol každého košíčku. Nechte ztuhnout 10 minut, poté na střed každého košíčku udělejte nálevové smyčky a nechte 15 minut tuhnout.

17. Zmrzlinový pohár dortové kornouty

SLOŽENÍ:
- 24 kornoutů zmrzliny s plochým dnem
- 2½ hrnku univerzální mouky
- 2¼ šálků krystalového cukru, rozdělených
- 1 šálek veganských konfet sypání nebo hranolků
- 1 polévková lžíce plus 1 lžička prášku do pečiva
- 1 lžička soli
- ¼ šálku veganského másla při pokojové teplotě
- 1 hrnek neslazeného sójového mléka
- ⅔ šálku hroznových semen nebo lehkého rostlinného oleje
- ½ šálku neslazeného jablečného pyré
- 4 lžičky vanilkového extraktu, rozdělené
- 3 unce aquafaby
- ½ lžičky tatarského krému
- 3 lžíce moučkového cukru

NA DEKORACI
- Veganská čokoláda nebo duhové posypky
- Veganské maraschino třešně

INSTRUKCE:

a) Předehřejte troubu na 350 °F. 2 standardní formičky na muffiny vyložte hliníkovou fólií. Zmrzlinové kornouty umístěte do připravených forem na muffiny, v případě potřeby zmačkejte hliníkovou fólii, abyste je pomohli stabilizovat.
b) Ve velké míse smíchejte mouku, 1½ hrnku krupicového cukru, sypání, prášek do pečiva a sůl. Šlehejte, aby se spojily.
c) Přidejte máslo a pomocí vykrajovátka nakrájejte máslo do moučné směsi, dokud nebude připomínat hrubou kukuřičnou mouku. (Pokud nemáte vykrajovač na pečivo, použijte 2 nože, které krájejte křížem krážem.)
d) Přidejte mléko, olej, jablečný protlak a 2 lžičky vanilky. Elektrickým ručním šlehačem vyšlehejte na medium do hladka. Těsto rovnoměrně rozdělte na kornouty zmrzliny, každý z nich naplňte asi do ¾. Nepřeplňujte, mohly by se převrátit nebo být příliš těžké na to, aby se postavily.
e) Pečte 20 až 23 minut, nebo dokud nebude párátko zapíchnuté do středu čisté. Vyjměte z trouby. Necháme úplně vychladnout.
f) Mezitím pomocí elektrického ručního mixéru v jiné velké míse nebo stojanového mixéru s nástavcem na šlehání šlehejte aquafabu, zbývající 2 lžičky vanilky a tatarský krém na středně vysokou teplotu po dobu 8 až 10 minut, nebo dokud směs neztuhne. vrcholy. (Pokud můžete misku otočit dnem vzhůru a směs nevypadne, narazili jste na tuhé vrcholy.) Pomalu přidejte moučkový cukr a zbývající ¾ šálku krupicového cukru a pokračujte v šlehání, dokud se nerozpustí a chmýří nezíská lesklou lesk.
g) Přendejte do sáčku s velkou kulatou špičkou nebo do uzavíratelného sáčku s odstřiženým rohem a krouživým pohybem napijte na vychladlé košíčky, aby připomínaly servírování. Navrch ozdobíme posypem a třešněmi.

18.Sladké brambory a kávové brownies

SLOŽENÍ:
- 1/3 šálku čerstvě uvařené horké kávy
- 1 unce neslazené čokolády, nasekané
- ¼ šálku řepkového oleje
- ⅔ šálku pyré ze sladkých brambor
- 2 lžičky čistého vanilkového extraktu

INSTRUKCE:
a) Předehřejte troubu na 350 stupňů Fahrenheita.
b) V misce smíchejte kávu a 1 unci čokolády a nechte 1 minutu stranou.
c) V míse smíchejte olej, batátové pyré, vanilkový extrakt, cukr, kakaový prášek a sůl. Míchejte, dokud se vše dobře nespojí.
d) Smíchejte mouku a prášek do pečiva v samostatné misce. Přidejte čokoládové lupínky a dobře promíchejte.
e) Stěrkou jemně vmíchejte suché ingredience do mokrých, dokud se všechny ingredience nespojí.
f) Těsto nalijte do zapékací mísy a pečte 30–35 minut, nebo dokud nebude párátko zapíchnuté do středu čisté.
g) Nechte úplně vychladnout.

19.C čokoládovo-bonbónový tvarohový koláč

SLOŽENÍ:
- Krabice čokoládových oplatek o objemu 9 uncí; rozdrcený
- ¼ šálku cukru
- ¼ šálku rostlinného másla; roztavený
- 2 karamelovo-arašídové nugátové tyčinky v čokoládě; nahrubo nasekané
- 2 balení rostlinného smetanového sýra; změkčil
- ½ šálku cukru
- ¾ šálku Polosladké čokoládové lupínky; roztavený
- 1 lžička vanilky
- šlehačka na rostlinné bázi

INSTRUKCE:
a) Smíchejte první 3 přísady; natlačte mix rovnoměrně na dno a 1-½" horní strany 9" pružinové formy.
b) Na dno rovnoměrně posypte nakrájené nugátové tyčinky; dát stranou.
c) Rostlinný smetanový sýr šlehejte při vysoké rychlosti pomocí mixéru, dokud nebude lehký a nadýchaný.
d) Postupně přidávejte cukr, dobře promíchejte.
e) Vmíchejte čokoládové lupínky a vanilku; šlehejte, dokud se nesmíchá. Lžící přes vrstvu cukroví. Pečeme na 350° 30 minut.
f) Vyjměte z trouby a nožem přejeďte po okrajích formy, abyste uvolnili strany.
g) Nechte vychladnout na pokojovou teplotu na mřížce.
h) Přikryjeme a necháme alespoň 8 hodin chladit.
i) Chcete-li podávat, vyjměte tvarohový koláč z pánve; dýmka nebo panenka rostlinná šlehačka navrch.

20. Sušenky a krémové košíčky

SLOŽENÍ:
NA KOŠÍČKY
- 2½ šálků univerzální mouky
- 2½ lžičky prášku do pečiva
- ½ lžičky soli
- 1 šálek krystalového cukru
- ½ šálku rostlinného oleje
- ½ šálku neslazeného jablečného pyré
- 1 lžička vanilkového extraktu
- 1¼ šálku neslazeného sójového mléka, rozděleného
- 2 šálky hrubě drcených veganských čokoládových sendvičových sušenek

NA POLOVU
- 3 hrnky moučkového cukru
- 1½ šálku veganské čokoládové sendvičové sušenky
- 1 šálek veganského másla při pokojové teplotě
- 2 lžíce neslazeného sójového mléka
- 1 lžička vanilkového extraktu
- 24 veganských mini čokoládových sendvičových sušenek na ozdobu

INSTRUKCE:
a) Předehřejte troubu na 350 °F. 2 standardní formičky na muffiny vyložte papírovými vložkami.
b) Připravte košíčky: Ve velké míse smíchejte mouku, prášek do pečiva a sůl.
c) Pomocí elektrického ručního mixéru v další velké míse šlehejte cukr, olej, jablečný protlak a vanilku na středním stupni asi 3 minuty, nebo dokud se nezapracuje a těsto nebude světlé a nadýchané.
d) Počínaje a konče moučnou směsí přidejte asi 1/3 moučné směsi, poté polovinu mléka, mezi jednotlivými přidáváním seškrábněte mísu podle potřeby. Opakujte, dokud nebudou všechny ingredience začleněny. Vmícháme rozdrcené sušenky.
e) Těsto rovnoměrně rozdělte do formiček na muffiny a každý košíček naplňte asi do ¾. Pečte 18 až 20 minut, nebo dokud nebude párátko zapíchnuté do středu čisté. Vyjměte z trouby. Necháme úplně vychladnout.
f) Připravte polevu: Pomocí elektrického ručního mixéru ve velké míse ušlehejte cukr, drobky ze sušenek, máslo, mléko a vanilku na středním stupni do hladka. Potřete nebo rozetřete košíčky a ozdobte mini sušenkami.

21.Jahoda-vanilka pečené d'oh-oříšky

SLOŽENÍ:
- 3 lžíce veganského másla, rozpuštěného, plus další na vymazání
- 1¼ šálku univerzální mouky
- 1 šálek neslazeného sójového mléka, rozdělený
- ½ šálku krystalového cukru
- 1½ lžičky vanilkového extraktu, rozdělené
- 1 lžička prášku do pečiva
- ¼ lžičky soli
- 1 šálek jahodového džemu
- 1 hrnek moučkového cukru
- 3 až 4 kapky veganské růžové gelové potravinářské barvivo
- ⅓ šálku veganského duhového postřiku

INSTRUKCE:
a) Předehřejte troubu na 350ºF. Vymažte 2 nepřilnavé pánve na koblihy. Okrajový plech vyložte pečicím papírem a na něj položte mřížku.

b) Ve velké míse smíchejte mouku, ¾ šálku mléka, krystalový cukr, máslo, 1 lžičku vanilky, prášek do pečiva a sůl. Míchejte, dokud se dobře nespojí. Lžící nalijte do připravených formiček, naplňte je do ¼. Na každou koblihu přidejte vrstvu džemu (pokud je džem velmi hustý, vložte jej do mikrovlnné trouby na 20 až 30 sekund, aby povolil), pak naplňte dalším těstem a naplňte ho do ¾.

c) Pečte 10 až 12 minut, nebo dokud nebudou vršky ztuhlé. Vyjměte z trouby, nechte 5 minut vychladnout a poté přendejte na mřížku, aby úplně vychladla.

d) Ve střední misce smíchejte moučkový cukr, zbývající ½ lžičky vanilky, ¼ šálku mléka a potravinářské barvivo. Šlehejte, dokud se z polevy po pokapání nevytvoří hladké stuhy a barva bude sytě růžová.

e) Každý donut namočte do polevy a vraťte na mřížku. Posypeme posypem a necháme 10 minut ztuhnout.

22.Glazovaný borůvkový streusel kávový dort

SLOŽENÍ:
NA DORT
- ¼ šálku plus 2 lžíce veganského másla, pokojové teploty, plus další na mazání
- 1 hrnek univerzální mouky plus další na posypání
- 2 lžíce horké vody
- 1 lžíce mletého lněného semínka
- 1¼ lžičky prášku do pečiva
- ¼ lžičky soli
- ½ šálku krystalového cukru
- 1 hrnek neslazeného mandlového mléka
- 1 lžička vanilkového extraktu
- 1¼ šálku čerstvých nebo mražených borůvek, rozdělených

PRO STRUESLOVOU POLEVU
- ½ šálku univerzální mouky
- ½ šálku baleného hnědého cukru
- ½ šálku jemně nasekaných pekanových ořechů
- ¼ šálku veganského másla, rozpuštěného
- 1 lžička mleté skořice

NA GLAZURU:
- 1 hrnek moučkového cukru
- 2 lžíce neslazeného mandlového mléka

INSTRUKCE:

a) Předehřejte troubu na 350 °F. Vymažte a vysypte pekáč o velikosti 8 x 8 palců.
b) Připravte koláč: V malé misce smíchejte vodu a lněné semínko. Nechte asi 5 minut uležet.
c) Ve střední misce smíchejte mouku, prášek do pečiva a sůl.
d) Pomocí elektrického ručního mixéru ve velké míse šlehejte cukr a máslo na středně vysokou teplotu asi 4 minuty, nebo dokud nebudou světlé a nadýchané. Přidejte mléko, směs lněných semínek a vanilku a dobře promíchejte. Pomalu přidávejte suché ingredience a míchejte do hladka.
e) Připravte zálivku na streusel: Ve střední míse smíchejte mouku, cukr, pekanové ořechy, máslo a skořici. Míchejte, dokud se dobře nespojí.
f) Polovinu těsta nalijte do připravené formy a uhlaďte, aby vznikla rovnoměrná vrstva. Navrch dejte polovinu záviny a 1 hrnek borůvek a navrch nalijte zbývající těsto. Navrch posypte zbylou zápražkou a ¼ šálku borůvek.
g) Pečte 35 minut, nebo dokud nebude párátko zapíchnuté do středu čisté. Vyjměte z trouby, nechte 20 až 30 minut vychladnout a poté přendejte na mřížku, aby úplně vychladla.
h) Udělejte polevu: V malé misce ušlehejte cukr a mléko, dokud nebude hustá, ale tekutá. Pokapejte vychladlý koláč.

23. Pudinkový dort s banánem

SLOŽENÍ:
- ¼ šálku veganského másla, pokojové teploty, plus další na mazání
- 2½ hrnku univerzální mouky
- 1½ šálku krystalového cukru
- 1 polévková lžíce plus 1 lžička prášku do pečiva
- 1 lžička soli
- 2 (3,4 unce) balíčky veganské instantní banánové pudingové směsi, rozdělené
- 1½ šálku neslazeného kokosového mléka
- 1 šálek zralého banánu, rozmačkaného, plus 2 banány, nakrájené na ½ palce silná kolečka
- 2 šálky kokosové smetany
- 2 lžíce moučkového cukru

INSTRUKCE:
a) Předehřejte troubu na 350ºF. Vymažte 2 (9palcové) kulaté dortové formy, potom vyložte dna pečicím papírem a znovu vymažte.
b) Ve velké míse smíchejte mouku, krystalový cukr, prášek do pečiva a sůl. Přidejte máslo a pomocí vykrajovátka nakrájejte máslo do moučné směsi, dokud nebude připomínat hrubou kukuřičnou mouku. (Pokud nemáte vykrajovátko na pečivo, použijte 2 nože, které krájejte křížem krážem.) Přidejte 1 balení instantní pudingové směsi, mléko a rozmačkaný banán. Elektrickým ručním mixérem rozmixujte na středním stupni do hladka.
c) Rovnoměrně rozdělte mezi připravené formy, uhlaďte, aby se vytvořila rovnoměrná vrstva, a pečte 25 až 30 minut, nebo dokud nebude párátko zapíchnuté do středu čisté. Vyjměte z trouby. Necháme úplně vychladnout.
d) Elektrickým ručním mixérem v míse vyšleháme kokosovou smetanu dotuha. Přidejte moučkový cukr a pokračujte ve šlehání. Jakmile směs začne houstnout, přidejte zbývající balíček pudingové směsi a mixujte do hladka a krému. Dejte do lednice alespoň na 30 minut.
e) 1 dort položte na dortový talíř a na něj naneste polovinu krémové náplně a uhlaďte, aby vznikla rovnoměrná vrstva. Zbývající koláč položte navrch a navrch se zbývající náplní, pomocí odsazené špachtle vytvořte víry. Navrch dejte nakrájené banány.

24. Mrkvový dort se smetanovo-sýrovou polevou

SLOŽENÍ:
NA DORT
- 1 šálek řepkového oleje a další na mazání
- 2 hrnky univerzální mouky plus další na posypání
- 2½ lžičky mleté skořice
- ¾ lžičky jedlé sody
- ½ lžičky prášku do pečiva
- ½ lžičky mletého zázvoru
- ¼ lžičky soli
- ¼ lžičky mletého muškátového oříšku
- 1½ šálku krystalového cukru
- 1 šálek neslazeného jablečného pyré
- 3 šálky strouhané mrkve

NA POLOVU
- ½ šálku veganského másla při pokojové teplotě
- 1 (8 uncí) nádoba obyčejný veganský smetanový sýr, mírně změkčený
- 1 lžička vanilkového extraktu
- 3 až 5 šálků moučkového cukru
- V případě potřeby 1 až 2 polévkové lžíce rostlinného mléka

INSTRUKCE:

a) Předehřejte troubu na 350ºF. Pekáč o rozměrech 9 x 13 palců vymažte tukem a moukou.
b) Připravte koláč: Ve velké míse smíchejte mouku, skořici, jedlou sodu, prášek do pečiva, zázvor, sůl a muškátový oříšek. Přidejte cukr, jablečný protlak a olej. Elektrickým ručním šlehačem vyšlehejte na medium do hladka. Jemně vmícháme mrkev.
c) Těsto nalijte do připravené formy a pečte 35 minut, nebo dokud nebude párátko zapíchnuté do středu čisté. Vyjměte z trouby. Necháme úplně vychladnout.
d) Připravte polevu: Pomocí elektrického ručního mixéru ve velké míse vyšlehejte máslo, smetanový sýr a vanilku na středně vysokou teplotu, dokud nebude nadýchaná. Přidávejte cukr v krocích po 1 šálku, dokud není poleva hustá a roztíratelná. (Všimněte si, že poleva ze smetanového sýra by měla být hustší a stabilnější než máslová smetana. K dosažení této konzistence použijte dostatek cukru.) Pokud je poleva příliš hustá, zřeďte ji mlékem. Pokud je poleva příliš řídká, přidejte další moučkový cukr, po 1 lžíci, dokud nezhoustne.
e) Polevu rovnoměrně rozetřeme na dort.

25. Dvojitý čokoládový dort

SLOŽENÍ:
PRO TORTE
- 1 šálek veganského másla, rozpuštěného, plus další na vymazání
- 3 hrnky univerzální mouky plus další na posypání
- 2 šálky bezmléčných polosladkých čokoládových lupínků
- 2 šálky krystalového cukru
- 1 šálek holandského kakaového prášku
- 2 lžíce instantní kávy
- 2 lžičky prášku do pečiva
- 1 lžička jedlé sody
- 1 šálek neslazeného jablečného pyré
- 1 hrnek neslazeného kokosového jogurtu
- 1 šálek horké vody

NA POLOVU
- 1 šálek veganského smetanového sýra při pokojové teplotě
- 1 šálek holandského kakaového prášku
- ⅓ šálku krystalového cukru
- 1 lžička vanilkového extraktu
- ⅛ lžičky soli
- 2 šálky kokosové šlehačky nebo koupené v obchodě
- 2 lžíce strouhané bezmléčné 70% hořké čokolády na ozdobu

INSTRUKCE:

a) Předehřejte troubu na 350ºF. 2 (9palcové) kulaté dortové formy vymažte tukem a moukou.
b) Připravte dort: V kuchyňském robotu zpracujte čokoládové lupínky a cukr, dokud nejsou lupínky jemně nasekané. Přeneste do velké mísy. Přidejte mouku, kakaový prášek, instantní kávu, prášek do pečiva a jedlou sodu.
c) Přidejte jablečný protlak, jogurt, vodu a máslo. Šlehejte do hladka. Těsto rovnoměrně rozdělte mezi připravené pánve.
d) Pečte 25 až 30 minut, nebo dokud nebude párátko zapíchnuté do středu čisté. Vyjměte z trouby. Před vyjmutím z formiček nechte úplně vychladnout, asi 1½ hodiny.
e) Připravte polevu: Pomocí elektrického ručního mixéru ve velké míse ušlehejte smetanový sýr, kakaový prášek, cukr, vanilku a sůl na středně vysokou teplotu, dokud nebude hladká. Vmícháme šlehačku.
f) Dorty podélně rozpůlte, abyste měli 4 vrstvy. Položte 1 vrstvu na dortovou formu a přidejte ¼ polevy. Navrch položte další vrstvu koláče. Opakujte, dokud nejsou všechny 4 vrstvy koláče naskládány a horní vrstva je nahoře polevá. Ozdobte hořkou čokoládou. Před podáváním dejte alespoň na 4 hodiny do lednice.

26.Pečený dort s kokosovou vrstvou

SLOŽENÍ:
NA DORT
- ¾ šálku veganského másla, pokojové teploty, plus další na mazání
- 1½ hrnku strouhaného neslazeného kokosu
- 1 (5 uncí) plechovka kokosového mléka
- 1 lžíce jablečného octa
- 3 hrnky univerzální mouky
- 2 lžičky prášku do pečiva
- ½ lžičky jedlé sody
- ½ lžičky soli
- 1½ šálku krystalového cukru
- 1 šálek neslazeného jablečného pyré
- 1 lžička vanilkového extraktu
- 1 lžička kokosového extraktu

NA POLOVU
- 2 šálky veganského másla při pokojové teplotě
- 6 šálků moučkového cukru
- 1 lžička vanilkového extraktu
- 1 lžička kokosového extraktu

INSTRUKCE:

a) Předehřejte troubu na 350ºF. Menší plech s okrajem vyložte pečicím papírem. Vymažte 2 (9palcové) kulaté dortové formy, potom vyložte dna pečicím papírem a znovu vymažte.
b) Udělejte dort: Strouhaný kokos položte v jedné vrstvě na připravený plech. Pečte, bedlivě sledujte, abyste se nespálili, asi 5 minut nebo dokud nebudou lehce opečené. Vyjměte z trouby. Necháme úplně vychladnout.
c) Ve skleněné odměrce na 4 šálky smíchejte mléko a ocet. Necháme 5 minut odstát.
d) Ve velké míse prošlehejte mouku, prášek do pečiva, jedlou sodu a sůl. Pomocí elektrického ručního šlehače v další velké míse šleháme cukr a máslo na středně vysokou teplotu asi 5 minut, nebo dokud nebude světlá a nadýchaná. Přidejte jablečný protlak, vanilku a kokosový extrakt. Míchejte, dokud se nespojí.
e) Snižte rychlost mixéru na nízkou. Počínaje a konče suchými ingrediencemi střídavě přidávejte suché ingredience a mléčnou směs a mezi každým přidáváním seškrabujte misku. Jemně vmíchejte ½ šálku praženého kokosu.
f) Těsto rovnoměrně rozdělte na připravené formy a pečte 40 až 45 minut, nebo dokud nebude párátko zapíchnuté do středu čisté. Vyjměte z trouby. Nechte 30 minut vychladnout a poté přendejte na mřížku, aby se chlazení dokončilo.
g) Připravte polevu: Pomocí elektrického ručního mixéru ve velké míse vyšlehejte máslo na středně vysokou teplotu, dokud nebude bledé a krémové. Snižte rychlost na střední a přidejte cukr, ½ šálku najednou, mezi každým přidáním dobře promíchejte. Přidejte vanilku, kokosový extrakt a ½ šálku praženého kokosu. Míchejte, dokud se nespojí.
h) Zarovnejte vršky dortů (viz technický tip), poté položte 1 dortovou vrstvu na talíř. Přidejte ⅓ polevy a uhlaďte do rovnoměrné vrstvy pokrývající dort. Navrch položte zbývající koláč a poté zbývající polevu. Pomocí odsazené stěrky uhlaďte polevu po stranách, aby potřela celý dort. Navrch posypte zbývající ½ šálku praženého kokosu.

27. Dort v hrnku

SLOŽENÍ:
- 3 lžíce mandlové mouky
- 1 banán, rozmačkaný
- ½ lžičky prášku do pečiva
- 1 lžíce cukru z kokosových květů
- ½ lžičky mleté skořice
- Špetka mletého zázvoru
- Špetka soli
- 1 lžíce mandlového oleje, změkčeného
- ½ lžičky organického vanilkového extraktu

INSTRUKCE:
a) V míse smícháme všechny ingredience a důkladně promícháme.
b) Přeneste do hrnku vhodného do mikrovlnné trouby.
c) Mikrovlnná trouba na vysoký výkon asi 2 minuty.

28. Kaštanovo-kakaový dort

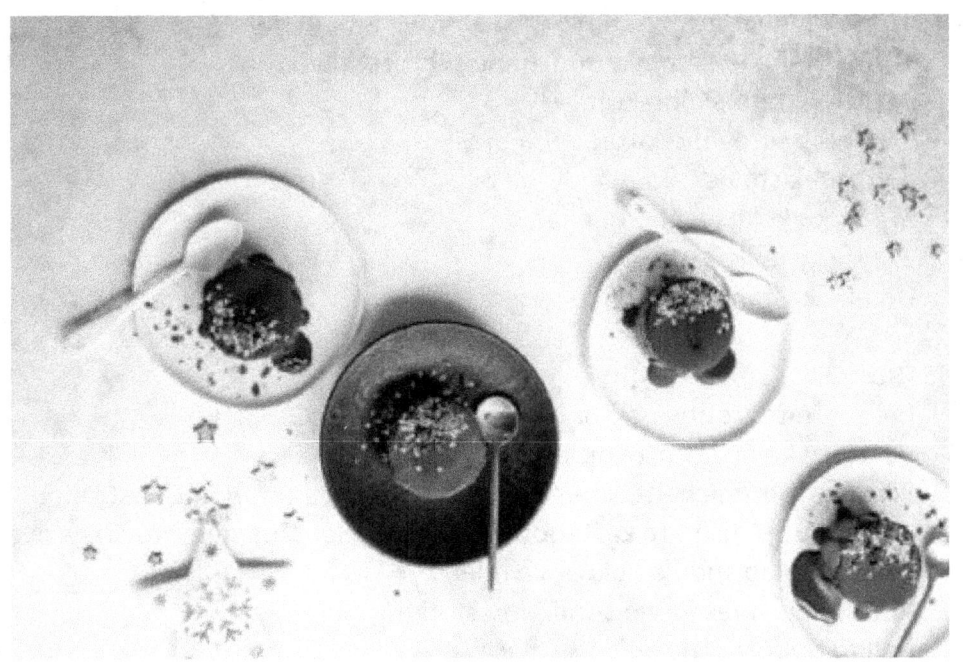

SLOŽENÍ:
- 1 hrnek + 1 vrchovatá polévková lžíce) kaštanová mouka
- 1/2 šálku mletých mandlí
- 3 lžíce lněného semínka smíchané s 9 lžícemi vody
- 1/2 lžičky tatarského krému
- 1/2 šálku surového kakaového prášku
- pár kapek stévie
- 3/4 šálku kokosového mléka
- 1/2 lžičky jedlé sody
- Drcené kaštany

INSTRUKCE:
a) Předehřejte troubu na horkovzdušnou na 180 C (350 F).
b) Vymažte koláč / dortovou formu.
c) V čisté míse smíchejte směs lněných semínek a tatarku. Dát stranou.
d) V jiné míse smíchejte kaštanovou mouku, mleté mandle, stévii, syrové kakao, jedlou sodu a kokosové mléko.
e) Vmícháme směs lněné semínko/tatarka.
f) Nalijte do formy na koláč / koláč.
g) Podle potřeby posypte drcenými kaštany.
h) Pečte 35-40 minut na střední mřížce.

29. Černý lesní koláč

SLOŽENÍ:
NA DORT
- ½ šálku řepkového oleje a více na promazání
- ⅔ šálku kakaového prášku z holandského procesu a další na poprášení
- 1 hrnek neslazeného mandlového mléka
- 1 lžíce čerstvé citronové šťávy
- 1¾ šálků univerzální mouky
- 2 lžičky jedlé sody
- 1 lžička prášku do pečiva
- 1 lžička soli
- 1½ šálku krystalového cukru
- 1 šálek uvařené kávy, horké
- ½ šálku neslazeného jablečného pyré
- 2 lžičky vanilkového extraktu

K NÁPLNĚ:
- 1 (21 uncí) plechovka náplň třešňového koláče
- 1 lžíce mandlového extraktu

K NÁPLNĚ: S
- 2 recepty Kokosová šlehačka, chlazená nebo 1 (8 uncí) nádoba zakoupená v obchodě
- Čerstvé nebo konzervované tmavé třešně, na ozdobu (volitelné)
- 2 šálky nastrouhané bezmléčné 70% tmavé čokolády na ozdobu (volitelně)

INSTRUKCE:
a) Předehřejte troubu na 350ºF. Vymažte dno a boky 2 (9palcových) kulatých dortových forem a vysypte kakaovým práškem.

UDĚLEJTE DORT:
b) Ve skleněné odměrce smíchejte mléko a citronovou šťávu. Necháme asi 5 minut odstát.
c) Ve velké míse prošlehejte mouku, kakaový prášek, jedlou sodu, prášek do pečiva a sůl.
d) Ve střední misce smíchejte cukr, mléčnou směs, kávu, jablečný protlak, olej a vanilku. Šlehejte, dokud nevznikne hladké, ale řídké těsto.
e) Rovnoměrně rozdělte mezi připravené dortové formy, povrch uhlaďte a pečte 30 až 35 minut, nebo dokud nebude párátko zapíchnuté do středu čisté.
f) Vyjměte z trouby. Nechte 15 minut vychladnout a poté přendejte na mřížky, aby úplně vychladly. Zakryjte plastovým obalem a dejte do chladničky alespoň na 4 hodiny (až přes noc).

UDĚLEJTE NÁPLŇ:
g) Ve střední misce smíchejte koláčovou náplň a mandlový extrakt.
h) Koláče rozkrojte vodorovně na poloviny. Umístěte 1 vrstvu na dortový podstavec nebo talíř. Přidejte tenkou vrstvu šlehačky a nalijte polovinu náplně.
i) Navrch dejte další vrstvu dortu a silnou vrstvu (asi ½ palce) šlehačky.
j) Přidejte další vrstvu koláče a potřete zbývající náplní.
k) Navrch položíme poslední vrstvu dortu a použijeme zbylou šlehačku. Ozdobte třešněmi (pokud používáte) a čokoládou (pokud používáte).

30.Dýňový Skládka Dort

SLOŽENÍ:
- Pyré z dýňového koláče 30 uncí
- 2 lněná vejce
- 1 plechovka rostlinného mléka
- ½ krabice žluté dortové směsi
- 1 hrnek nasekaných vlašských ořechů
- ½ šálku rostlinného másla

INSTRUKCE:
a) Předehřejte troubu na 350 stupňů Fahrenheita.
b) Pomocí mixéru důkladně promíchejte pyré z dýňového koláče a rostlinné mléko.
c) Nalijte ingredience do pánve 11x7 nebo 8x8 .
d) Navrch lehce zašlehejte ½ krabice suché směsi na koláč.
e) Navrch dejte nasekané vlašské ořechy a ½ šálku rozpuštěného rostlinného másla.
f) B pečeme asi 40 minut.
g) Nechte vychladnout, dokud nebudete připraveni k podávání.

31. Hluboce lahodný matný čokoládový dort

SLOŽENÍ:
NA DORT
- 5 polévkových lžic rostlinného oleje, plus více na mazání
- 1½ šálku univerzální mouky
- 1 šálek krystalového cukru
- ¼ šálku kakaového prášku z holandského procesu a další na poprášení
- 1 lžička jedlé sody
- ½ lžičky soli
- 1 šálek vody
- 1 lžička bílého octa
- 1 lžička vanilkového extraktu

NA POLOVU
- Rostlinný olej, na mazání
- 2 šálky bezmléčných polosladkých čokoládových lupínků
- 1 (14 uncí) plechovka kondenzovaného kokosového mléka
- 1 lžička vanilkového extraktu
- ½ šálku čokoládového sirupu a více podle potřeby
- ¼ šálku veganské čokolády na ozdobu

INSTRUKCE:
a) Předehřejte troubu na 350 °F. Vymažte pekáč o rozměrech 8 x 8 palců.
b) Připravte koláč: Ve velké míse smíchejte mouku, cukr, kakaový prášek, jedlou sodu a sůl. Přidejte vodu, olej, ocet a vanilku. Míchejte, dokud nezůstanou žádné hrudky.
c) Nalijte do připravené formy a pečte 30 až 35 minut, nebo dokud nebude párátko zapíchnuté do středu čisté. Vyjměte z trouby. Necháme 10 minut vychladnout, poté dáme na 1 hodinu do lednice.
d) Připravte polevu: Vymažte pekáč o rozměrech 8 x 8 palců a vyložte pečicím papírem.
e) V žáruvzdorné skleněné míse umístěné nad hrncem naplněným 2 až 3 palci vroucí vody zahřejte čokoládové lupínky a kondenzované mléko za častého míchání asi 5 minut, nebo dokud se čokoládové lupínky nerozpustí a plně nesmíchají s mlékem. . Vmíchejte vanilku.
f) Přendejte do připravené pánve a chlaďte asi 2 hodiny nebo do úplného vychladnutí.
g) Pomocí elektrického ručního mixéru ve velké míse šlehejte vychladlou polevu a čokoládový sirup na středně vysokou teplotu po dobu 5 až 10 minut, nebo dokud nebude nadýchaná. Pokud je poleva stále příliš hustá, přidejte více sirupu, po 1 lžíci.
h) Polevu přendejte do vytlačovacího sáčku s velkou hvězdicovou špičkou a dýmkovými rozetami v řadách, dokud nebude dort zakrytý, nebo dort zcela potřete pomocí odsazené špachtle.
i) Ozdobte posypem. Nechte vychladit až do podávání.

PUDINKY

32.Avokádový pudink

SLOŽENÍ:
- 2 šálky banánů, oloupaných a nakrájených
- 2 zralá avokáda, oloupaná a nakrájená
- 1 lžička limetkové kůry, jemně nastrouhaná
- 1 lžička citronové kůry, jemně nastrouhaná
- ½ šálku čerstvé limetkové šťávy
- 1/3 šálku medu
- ¼ šálku mandlí, nasekaných
- ½ šálku citronové šťávy

INSTRUKCE:
a) B půjčit všechny přísady dokud nebude hladká.
b) Pěnu nalijte do 4 servírovacích sklenic.
c) Dát do lednice na 2 hodiny před podáváním.
d) Ozdobte ořechy a podávejte.

33.B jahodový pudink

SLOŽENÍ:
- 1/4 šálku kokosové mouky
- 1/4 lžičky Prášek na pečení
- 2 polévkové lžíce. Kokosový olej
- 2 polévkové lžíce. Veganské máslo
- 2 polévkové lžíce. Veganský těžký krém
- 2 lžičky Citronová šťáva
- Kůra 1 citron
- 1/4 šálku ostružin
- 2 polévkové lžíce. Erythritol
- 20 kapek tekuté stévie

INSTRUKCE:
a) Předehřejte troubu na 350 stupňů Fahrenheita.
b) Suché ingredience prosejeme k mokrým a mícháme při nízké rychlosti, dokud se důkladně nespojí.
c) Těsto rozdělte mezi dva ramekiny.
d) Ostružiny zatlačte do horní části těsta, aby se rovnoměrně rozložily v těstíčku.
e) Pečeme 20-25 minut.
f) Podávejte s kopečkem husté smetany ke šlehání!

34. Skořicový chlebový pudink

SLOŽENÍ:
CHLEBOVÝ PUDING:
- 2 šálky rostlinného původu Půl na půl
- 2 lžíce rostlinného másla
- 1/3 šálku cukru
- ¼ lžičky mletého muškátového oříšku
- 1 lžička vanilkového extraktu
- 3 šálky chleba, nakrájené na kousky
- Hrst skořicových lupínků

VANILKOVÉ MLÉKO:
- 1 hrnek rostlinného mléka
- ¼ šálku rostlinného másla
- 1/3 šálku cukru
- 1 lžička vanilky
- 1 lžíce mouky
- ½ lžičky soli

INSTRUKCE:
CHLEBOVÝ PUDING:
a) V hrnci na mírném ohni poduste Half & Half a rostlinné máslo .
b) V samostatné misce prošlehejte muškátový oříšek a vanilkový extrakt. Ohřátou směs rostlinného mléka a rostlinného másla důkladně zašlehejte.
c) Chléb natrhejte na kousky a vložte do připraveného kastrolu.
d) Směs rozetřeme navrch a navrch posypeme skořicovými lupínky.
e) Přikryjeme alobalem a pečeme 30 minut na 350 stupňů.
f) Odstraňte alobal a pečte dalších 15 minut.

TEPLÉ VANILKOVÉ MLÉKO:
g) Rozpusťte rostlinné máslo a vmíchejte mouku, abyste vytvořili pastu.
h) Přidejte rostlinné mléko, cukr, vanilku a sůl a za častého míchání vařte 5 minut nebo dokud nezhoustne na sirup.
i) Omáčku přelijeme na teplý chlebový nákyp a ihned podáváme.

35.Kokosový rýžový pudink

SLOŽENÍ:
- 1 šálek rýže arborio
- 1 plechovka (13,5 oz) kokosového mléka
- 2 šálky mandlového mléka (nebo jiného rostlinného mléka)
- 1/3 šálku cukru
- 1 lžička vanilkového extraktu
- Skořice na ozdobu

INSTRUKCE:
a) Rýži propláchneme pod studenou vodou.
b) V hrnci smíchejte rýži, kokosové mléko, mandlové mléko a cukr.
c) Přiveďte k varu, poté snižte teplotu a vařte, dokud rýže nezměkne.
d) Vmícháme vanilkový extrakt.
e) Nechte mírně vychladnout a poté dejte do lednice alespoň na 2 hodiny.
f) Podáváme vychlazené, posypané skořicí.

36. Mango tapiokový pudink

SLOŽENÍ:
- 1/2 šálku malé perlové tapioky
- 2 hrnky kokosového mléka
- 1/2 šálku cukru
- 1 šálek zralého manga nakrájeného na kostičky
- Čerstvé lístky máty na ozdobu

INSTRUKCE:
a) Tapiokové perly namočte na 30 minut do vody, poté sceďte.
b) V hrnci smíchejte kokosové mléko a cukr, přiveďte k varu.
c) Vmícháme tapiokové perly a dusíme, dokud nebudou průsvitné.
d) Odstraňte z ohně a nechte vychladnout na pokojovou teplotu.
e) Vmícháme na kostičky nakrájené mango.
f) Před podáváním dejte na několik hodin do lednice.
g) Před podáváním ozdobte lístky čerstvé máty.

37. Banánový chia pudink s arašídovým máslem

SLOŽENÍ:
- 3 zralé banány
- 2 lžíce arašídového másla
- 1/4 šálku chia semínek
- 1 1/2 šálku mandlového mléka (nebo jiného rostlinného mléka)
- 1 lžička vanilkového extraktu
- 1-2 lžíce javorového sirupu nebo agávového nektaru

INSTRUKCE:
a) V mixéru smíchejte banány, arašídové máslo, mandlové mléko, vanilkový extrakt a sladidlo.
b) Rozmixujte do hladka.
c) V misce smíchejte chia semínka se směsí banán-arašídové máslo.
d) Dobře promíchejte a dejte do lednice alespoň na 2 hodiny nebo přes noc.
e) Podávejte vychlazené, případně přelité nakrájenými banány a pokapaným arašídovým máslem.

38. Malinový kokosový pudink

SLOŽENÍ:
- 1 šálek čerstvých nebo mražených malin
- 1 plechovka (13,5 oz) kokosového mléka
- 1/3 šálku cukru
- 1/2 šálku tapiokových perel
- 1 lžička vanilkového extraktu

INSTRUKCE:
a) V hrnci smíchejte kokosové mléko a cukr, přiveďte k varu.
b) Přidejte tapiokové perly a vařte, dokud nebudou průsvitné.
c) Vmíchejte čerstvé nebo mražené maliny a vanilkový extrakt.
d) Odstraňte z ohně a nechte vychladnout.
e) Před podáváním dejte na několik hodin do lednice.
f) Podávejte vychlazené a můžete ozdobit dalšími malinami.

KOLÁČKY, PEČIVO A KOLÁČKY

39. Mini dortíky s kokosovým krémem

SLOŽENÍ:
- 2 (15-balení) balení mražených mini veganských skořápek phyllo koláčů, jako je značka Fillo Factory
- 1½ hrnku strouhaného slazeného kokosu
- 2 (3,4 unce) balení veganského instantního vanilkového pudinkového mixu
- 2 (15 uncí) plechovky kokosového mléka, chlazené přes noc
- 2 šálky kokosové šlehačky nebo koupené v obchodě

INSTRUKCE:
a) Předehřejte troubu na 350ºF.
b) Skořápky koláče dejte na pečicí papír s okrajem. Další plech vyložte pečicím papírem a dejte na něj strouhaný kokos. Skořápky dortů pečte 3 až 5 minut. Kokos opékejte 3 až 4 minuty, nebo dokud nebudou lehce zlatavé. Obojí vyjměte z trouby.
c) Elektrickým ručním mixérem ve střední míse šlehejte instantní pudingovou směs a mléko na středním stupni do zhoustnutí.
d) Naberte pudink do skořápek. Navrch dejte šlehačku a pražený kokos.

40.Zázvorovo-hruškové kousnutí

SLOŽENÍ:
- ¼ šálku baleného hnědého cukru
- ⅓ šálku nasekaných pekanových ořechů nebo vlašských ořechů (volitelné)
- 1 lžička mleté skořice
- ½ lžičky mletého zázvoru
- ¼ lžičky mletého muškátového oříšku
- 4 lžíce veganského másla, rozpuštěné, rozdělené
- 1 (8 uncí) plechovka půlměsíce
- 1 velká zralá hruška Anjou nebo Bartlett, nakrájená na 8 plátků

INSTRUKCE:
a) Předehřejte troubu na 350ºF. Olemovaný plech vyložte pečicím papírem.
b) V malé misce smíchejte cukr, pekanové ořechy (pokud používáte), skořici, zázvor a muškátový oříšek. Nalijte 3 lžíce másla a míchejte, dokud se nepromísí.
c) Rohlíky rozbalíme a těsto dáme na připravený plech. Cukrovou směs rovnoměrně rozetřeme na každý váleček. Na široký konec každé rolky položte 1 plátek hrušky a srolujte tak, abyste vytvořili půlměsíc.
d) Vrchy potřete zbylou 1 lžící másla a pečte 10 až 12 minut nebo do zlatova.

41. Kanadské máslové koláče

SLOŽENÍ:
PRO KŮRU:
- 2½ hrnku univerzální mouky plus další na posypání
- ¼ šálku krystalového cukru
- ½ lžičky soli
- ½ šálku veganského másla, studeného, plus další na mazání
- ½ šálku zeleninového tuku
- ½ šálku ledové vody

K NÁPLNĚ:
- ¼ šálku horké vody
- 2 lžíce mletého lněného semínka
- ¾ šálku baleného hnědého cukru
- ½ šálku javorového sirupu
- ½ šálku veganského másla, rozpuštěného
- 3 lžíce kukuřičného škrobu
- 1 lžička bílého octa
- ¼ lžičky soli
- ¾ šálku měkkých bezsemenných rozinek

INSTRUKCE:
Udělejte kůru:
a) Ve velké míse smíchejte mouku, cukr a sůl. Pomocí vykrajovátka nakrájejte máslo a tuk na mouku, dokud nebude připomínat hrubou kukuřičnou mouku.
b) Přidávejte vodu po 2 polévkových lžících, dokud nevznikne sypké těsto.
c) Těsto spojte na kotouč, zabalte do plastové fólie a dejte na 30 minut do chladničky.
d) Předehřejte troubu na 350ºF. Vymažte standardní formu na muffiny.
e) Na lehce pomoučené ploše těsto rozválejte na tloušťku asi ¼ palce. Pomocí mísy o průměru 6 palců nakrájejte těsto na kolečka a naplňte je do každého košíčku na muffiny, zatlačte dolů, abyste vytvořili dno, a přebytek nechte zakrýt boky. Pečte 5 minut, nebo dokud nebude uvařená. Vyjměte z trouby a nechte mírně vychladnout.

UDĚLEJTE NÁPLŇ:
f) V malé misce smíchejte vodu a lněné semínko. Necháme asi 5 minut odstát.
g) Ve velké míse smíchejte cukr, javorový sirup, máslo, směs lněných semínek, kukuřičný škrob, ocet a sůl. Elektrickým ručním šlehačem vyšlehejte na medium do hladka.
h) Rozinky rovnoměrně rozdělte na skořápky koláče a každou naplňte náplní asi do ¾. Pečte 20 až 25 minut, nebo dokud náplň neztuhne a těsto nebude zlatavě hnědé. Vyjměte z trouby.
i) Necháme 15 minut vychladnout, poté vyjmeme z formy a necháme zcela vychladnout na mřížce.

42. Letní švec broskev a bobule

SLOŽENÍ:
PRO ŠEVCE
- ½ šálku veganského másla, studeného, plus další na mazání
- 1 litr čerstvých borůvek
- 1 pinta čerstvých malin
- 2 šálky nakrájených čerstvých broskví (asi 3 broskve)
- ½ pinty čerstvých ostružin
- 2 polévkové lžíce plus ½ šálku krystalového cukru, rozdělené
- 2 lžičky citronové kůry
- 2 hrnky univerzální mouky
- Málo ¼ šálku prášku do pečiva
- 1 lžička soli
- 1 hrnek neslazeného sójového mléka

K NÁPLNĚ:
- ⅔ šálku krystalového cukru
- ¼ šálku kukuřičného škrobu
- 1½ šálku vroucí vody

INSTRUKCE:
a) Předehřejte troubu na 350ºF. Vymažte pekáč o rozměrech 9 x 13 palců.

b) Připravte si šunku: Do připraveného pekáče vhoďte borůvky, maliny, broskve, ostružiny, 2 lžíce cukru a kůru, aby se spojily, a poté rovnoměrně rozetřete.

c) Ve velké míse smíchejte mouku, zbývající ½ šálku cukru, prášek do pečiva a sůl. Pomocí vykrajovátka nakrájejte do směsi máslo. (Pokud nemáte vykrajovátko, použijte 2 nože, které krájejte křížem krážem.) Vmíchejte mléko a vytvořte sypké těsto. Nalijte na ovoce.

d) Připravte polevu: V malé misce smíchejte cukr a kukuřičný škrob. Nalijte na těsto. Zalijte vodou celý pokrm. Pečte 40 až 45 minut, nebo dokud ovoce nezměkne a nebude bublat. Vyjměte z trouby.

43.Poděkujte Dýně Koláč

SLOŽENÍ:
- 30-uncový plechovka Dýně Koláč Mix
- ⅔ šálku rostlinného mléka
- 1 nepečená skořápka 9palcového koláče

INSTRUKCE:
a) Předehřejte troubu na 425 stupňů Fahrenheita.
b) V míse smíchejte směs na dýňový koláč a rostlinné mléko.
c) Nalijte náplň do skořápky koláče.
d) Pečte 15 minut v troubě.
e) Zvyšte teplotu na 350 °F a pečte dalších 50 minut.
f) Jemně s ní zatřeste, abyste zjistili, zda je zcela upečená.
g) Nechejte 2 hodiny chladit na mřížce.

44. Mini hořké čokoládové a karamelové koláčky

SLOŽENÍ:
PRO KŮRU:
- ¼ šálku plus 2 lžíce veganského másla, rozpuštěného, plus další na mazání
- 2 šálky drcených veganských sušenek
- ½ šálku krystalového cukru

K NÁPLNĚ:
- 1 šálek krystalového cukru
- ½ šálku vody
- 1½ šálku kokosové smetany, rozdělené
- 1¼ lžičky mořské soli, rozdělené
- 1¼ šálku bezmléčné 70% tmavé čokolády, nasekané
- 2 lžičky kokosového oleje

INSTRUKCE:
a) Předehřejte troubu na 350ºF. Vymažte standardní formu na muffiny.
b) Připravte kůru: Ve velké míse smíchejte sušenky, cukr a máslo. Rovnoměrně rozdělte do připravené formy na muffiny a pevně vtlačte do dna a stran. Pečte 10 minut, nebo dokud nebudou lehce zlatavé. Vyjměte z trouby a nechte vychladnout na pokojovou teplotu.
c) Připravte náplň: V malém hrnci přiveďte bez míchání cukr a vodu k varu. Pokračujte ve vaření po dobu 5 až 10 minut, nebo jen do světle jantarové barvy. Sundejte z plotny. Pomalu vlijte 1 šálek kokosové smetany (směs bude bublat) a ¾ lžičky soli. Mixujte do hladka.
d) Nalijte do skořápek dortů a chlaďte asi 20 minut, nebo dokud karamel neztuhne.
e) V hrnci přiveďte zbývající ½ šálku kokosové smetany k varu. Přidejte čokoládu a míchejte, dokud nebude hladká. Přidejte olej a ¼ lžičky soli. Míchejte do lesku. Nalijte na vychlazené koláče a dejte do lednice asi na 2 hodiny, nebo dokud neztuhnou. Posypte zbývající ¼ lžičky soli.

45.Mazavý Amish Karamelový koláč

SLOŽENÍ:
- 2 šálky světle hnědého cukru
- 1 šálek vody
- 1 lžíce rostlinného másla
- ¾ šálku univerzální mouky
- ¾ šálku rostlinného mléka
- 1 lžička vanilkového extraktu
- 9palcová pečená koláčová kůra
- 1 šálek půlky pekanových ořechů

INSTRUKCE:
a) Přiveďte hnědý cukr, vodu a rostlinné máslo k varu v hrnci na mírném ohni; vařte 3 až 5 minut za pravidelného míchání.
b) V míse smíchejte mouku a rostlinné mléko.
c) Moučnou směs pomalu přidávejte do vroucí směsi po dobu 3 až 5 minut za častého míchání.
d) Sundejte z plotny, vmíchejte vanilkový extrakt a nechte 5 minut vychladnout.
e) Náplň nalijte do uvařeného koláče a navrch dejte půlky pekanových ořechů.
f) Nechte 30 minut vychladnout a poté chlaďte na 8 hodin nebo přes noc.

46.Jižní sladký bramborový koláč

SLOŽENÍ:
- 2 šálky oloupaných vařených sladkých brambor
- ¼ šálku rozpuštěného rostlinného másla
- 1 hrnek cukru
- 2 lžíce bourbonu
- ¼ lžičky soli
- ¼ lžičky mleté skořice
- ¼ lžičky mletého zázvoru
- 1 hrnek rostlinného mléka

INSTRUKCE:
a) Předehřejte troubu na 350 stupňů Fahrenheita.
b) Kromě rostlinného mléka všechny ingredience plně rozmixujte v elektrickém mixéru.
c) Přidejte rostlinné mléko a pokračujte v míchání, jakmile se vše plně spojí.
d) Náplň nalijte do koláčové skořápky a pečte 35–45 minut, nebo dokud nůž zasunutý poblíž středu nevyjde čistý.
e) Vyjměte z lednice a před podáváním nechte vychladnout na pokojovou teplotu.

47.Mile-Vysoký Lemon Meringue Koláč

SLOŽENÍ:
- 1 recept No-Fail Koláčcrust nebo koupené v obchodě
- 1½ šálku krystalového cukru
- 1¼ šálku plnotučného kokosového mléka
- ¾ šálku čerstvé citronové šťávy (asi 4 až 5 citronů)
- 5 lžic kukuřičného škrobu
- 2 lžičky citronové kůry
- 1 recept Bezvaječné pusinky

INSTRUKCE:
a) Předehřejte troubu na 375ºF.
b) Vyválejte Koláčcrust na tloušťku ½ až ¼ palce. Přeneste do 9palcové koláčové misky a zatlačte na dno a boky. Odstraňte přebytečnou kůru. Vidličkou propíchněte otvory po celém dně a bocích a pečte asi 10 minut nebo dozlatova. Vyjměte z trouby.
c) Mezitím ve středním hrnci na středním ohni smíchejte cukr, mléko, citronovou šťávu, kukuřičný škrob a kůru. Dobře prošlehejte, aby se kukuřičný škrob úplně rozpustil. Vařte za stálého míchání 5 až 6 minut, nebo dokud se cukr úplně nerozpustí a směs nezhoustne do sypké tvarohové konzistence. Jakmile začne houstnout, udělá to rychle.
d) Rovnoměrně rozetřeme po krustě a pečeme 15 minut, nebo dokud nebude náplň jen bublat po okrajích. Vyjměte z trouby, nechte 15 až 20 minut vychladnout a poté alespoň 2 hodiny v lednici ztuhnout.
e) Navrch rozprostřete pusinky a pomocí špachtle vytvořte obří vrcholy. Umístěte pod brojler a pečlivě sledujte, aby se nepřipálil, na 1 až 2 minuty nebo dokud špičky nezhnědnou. Necháme vychladnout.

48.Babiččin borůvkový koláč

SLOŽENÍ:

- Univerzální mouka, na posypání
- 2 recepty No-Fail Koláčcrust, rozdělené
- 4 šálky čerstvých borůvek
- ¾ šálku krystalového cukru
- 3 lžíce kukuřičného škrobu
- 1 lžíce čerstvé citronové šťávy
- ½ lžičky mleté skořice
- ½ lžičky citronové kůry
- ¼ lžičky soli
- 2 lžíce vody (volitelně)
- 1 lžíce hrubého cukru (volitelně)

INSTRUKCE:

a) Předehřejte troubu na 375ºF. Na pomoučeném povrchu rozválejte 1 koláč do kruhu o tloušťce ⅛ palce a přeneste do 9palcové koláčové formy, přičemž odstraňte přebytečné těsto.

b) Ve velké míse promíchejte borůvky, krystalový cukr, kukuřičný škrob, citronovou šťávu, skořici, kůru a sůl. Přeneste do koláčové misky.

c) Na pomoučeném povrchu rozválejte 1 zbývající koláč do ⅛ palce silného kruhu. Umístěte na koláč, pomocí palců nebo vidličky zamáčkněte okraje. Nahoře vyřízněte štěrbinu ve tvaru X, abyste odvětrali páru.

d) Potřete vodou (pokud používáte) a posypte hrubým cukrem (pokud používáte) pro texturu klasického pekařského stylu. Pečte 50 minut, nebo dokud není kůrka zlatavě hnědá.

49.Datlovo-karamelový banoffee koláč

SLOŽENÍ:
- 2 šálky datlí Medjool bez pecek
- 1 (8,8 unce) balíček veganských sušenek
- ¼ šálku veganského másla, rozpuštěného
- ¾ šálku neslazeného mandlového mléka
- 1 lžička vanilkového extraktu
- ¼ lžičky soli
- 2 velké banány, nakrájené na plátky
- 1 (9 uncí) nádoba mražená kokosová šlehačka, rozmražená
- ¼ šálku nastrouhané bezmléčné 70% tmavé čokolády na ozdobu

INSTRUKCE:
a) Datle dejte do mísy naplněné teplou vodou a namočte na 30 minut. Vypusťte.
b) Mezitím v kuchyňském robotu rozdrťte sušenky, dokud nedosáhnou konzistence drobenky. Přendejte do mísy a přidejte máslo. Míchejte vidličkou, dokud se nepromíchá.
c) Nalijte do 9palcové formy na dort nebo dortové formy s odnímatelným dnem. Dnem sklenice zatlačte drobky pevně na dno pánve a vytvořte kůrku. Během přípravy náplně dejte do lednice.
d) V kuchyňském robotu smíchejte datle, mléko, vanilku a sůl. Pulzujte do hladka.
e) Datlovo-karamelovou náplň rozetřeme do rovnoměrné vrstvy v krustě. Navrch dejte jednu vrstvu banánů a vrstvu šlehačky a navrch přidejte zbývající banánové plátky.
f) Posypeme čokoládou. Před podáváním dejte na 1 hodinu do lednice.

50.C brusinkový koláč

SLOŽENÍ:
- 2 koláčové kůrky
- 1 balení želatina; pomerančová příchuť
- ¾ šálku Vařící voda
- ½ šálku pomerančový džus
- 8-uncová plechovka želé brusinkové omáčky
- 1 lžička Strouhaná pomerančová kůra
- 1 šálek Studené rostlinné mléko
- 1 balení Jell-O instantní pudink , francouzská vanilka nebo vanilková příchuť
- 1 šálek Cool Whip šlehaná poleva
- Mražené brusinky

INSTRUKCE:
a) Předehřejte troubu na 450 °F
b) Želatinu přiveďte k varu a rozpusťte ji. Nalijte pomerančovou šťávu. Umístěte misku do větší misky na led a vodu. Za pravidelného míchání nechte 5 minut odležet, dokud želatina mírně nezhoustne.
c) Přidejte brusinkovou omáčku a pomerančovou kůru a míchejte, aby se spojily. Naplňte koláčovou kůru náplní. Chlaďte asi 30 minut, nebo dokud neztuhne.
d) I do misky, nalijte půl na půl. Vhoďte směs na náplň koláče. Šlehejte do úplného promíchání.
e) Odstavte na 2 minuty, nebo dokud omáčka trochu nezhoustne. Nakonec vmícháme vyšlehanou polevu.
f) Navrch jemně rozetřete želatinovou směs. Nechat 2 hodiny nebo do ztuhnutí.
g) Pokud dáváte přednost, přidejte více šlehané polevy a opečených brusinek.

51.Rustikální chata koláč

SLOŽENÍ:

- Brambory Yukon Gold, oloupané a nakrájené na kostičky
- 2 lžíce veganského margarínu
- 1/4 šálku obyčejného neslazeného sójového mléka
- Sůl a čerstvě mletý černý pepř
- 1 lžíce olivového oleje
- 1 středně žlutá cibule, nakrájená nadrobno
- 1 střední mrkev, jemně nakrájená
- 1 celerové žebro, nakrájené nadrobno
- 12 uncí seita n , jemně nasekaných
- 1 šálek mraženého hrášku
- 1 šálek mražených kukuřičných zrn
- 1 lžička sušeného pikantního
- 1/2 lžičky sušeného tymiánu

INSTRUKCE:

a) V hrnci s vroucí osolenou vodou vařte brambory do měkka, 15 až 20 minut.
b) Dobře sceďte a vraťte do hrnce. Přidejte margarín, sójové mléko a podle chuti sůl a pepř.
c) Tyčem na brambory nahrubo rozmačkáme a dáme stranou. Předehřejte troubu na 350 °F.
d) Ve velké pánvi rozehřejte olej na středním plameni. Přidejte cibuli, mrkev a celer.
e) Přikryjte a vařte do měkka, asi 10 minut. Přeneste zeleninu do pekáče o rozměrech 9 x 13 palců. Vmíchejte seitan, houbovou omáčku, hrášek, kukuřici, pikantní a tymián.
f) Dochuťte solí a pepřem podle chuti a směs rovnoměrně rozprostřete do pekáče.
g) Navrch dejte bramborovou kaši, kterou rozetřete až k okrajům pekáče. Pečte, dokud brambory nezhnědnou a náplň není bublinková, asi 45 minut.
h) Ihned podávejte.

52.Jahodový pudink Napoleons

SLOŽENÍ:
- 1 list veganského listového těsta, jako je značka Pepperidge Farm, rozmražený
- 1 recept Vanilkový pudink
- 1 litr čerstvých jahod nakrájených na plátky
- 3 lžíce moučkového cukru, na posypání

INSTRUKCE:

a) Předehřejte troubu na 400ºF.
b) Listové těsto rozválíme na plech s okrajem a podélně rozpůlíme. K vyvrtání otvorů použijte vidličku. Pečte 15 až 20 minut. Vyjměte z trouby. Necháme úplně vychladnout.
c) Opatrně oddělte horní a spodní část obou plátků uvařeného listového těsta (nebo rozkrojte napůl). Dno položte na dlouhý talíř nebo pekáč.
d) Rozdělte pudink mezi oba spodní díly a rovnoměrně jej rozetřete. Přidejte jednu vrstvu jahod a na ně položte zbývající pláty listového těsta. Nechte 4 hodiny v chladu ztuhnout. Před krájením zubatým nožem a podáváním poprašte cukrem.

53.tiramisu

SLOŽENÍ:
- 2 hrnky univerzální mouky
- 1½ šálku krystalového cukru
- 1¼ lžičky soli, rozdělené
- 1 lžička prášku do pečiva
- ¼ lžičky jedlé sody
- ½ šálku rostlinného oleje
- ½ šálku neslazeného kokosového jogurtu
- 1 lžička mandlového extraktu
- 1 šálek veganského másla
- 1 šálek vody
- 1½ šálku syrových kešu ořechů
- ½ šálku javorového sirupu
- ⅓ šálku kokosového oleje, rozpuštěného
- ½ šálku neslazeného mandlového mléka
- 1 lžička vanilkového extraktu
- 2 šálky kokosové šlehačky nebo koupené v obchodě
- 1 šálek silné uvařené kávy při pokojové teplotě, rozdělený

NA DEKORACI
- 2 lžíce kakaového prášku
- ¼ šálku nastrouhané bezmléčné 70% tmavé čokolády

INSTRUKCE:

a) Předehřejte troubu na 375ºF. Vyložte pečicí plech o rozměrech 10 x 15 palců pečicím papírem, přičemž přes okraje ponechte přečnívající.
b) Ve velké míse smíchejte mouku, cukr, 1 lžičku soli, prášek do pečiva a jedlou sodu. V malé misce rozšlehejte rostlinný olej, jogurt a mandlový extrakt.
c) V malém hrnci přiveďte máslo a vodu k varu. Vmíchejte do moučné směsi, poté přidejte jogurtovou směs a šlehejte, dokud se úplně nesmíchá.
d) Nalijte na připravený plech a pečte 18 až 22 minut, nebo dokud párátko zapíchnuté do středu nevyjde čisté a vršek nezezlátne. Vyjměte z trouby. Necháme úplně vychladnout.
e) Ve vysokorychlostním mixéru rozmixujte kešu oříšky, javorový sirup, kokosový olej, mléko, vanilku a zbývající ¼ lžičky soli do krémova. Přendáme do mísy a vmícháme šlehačku.
f) Dort nakrájejte na polovinu a poté ořízněte, aby se vešel do pekáče o rozměrech 8 x 8 palců. Na dno položte 1 vrstvu koláče a nalijte ½ šálku kávy. Navrch nalijte polovinu kešu náplně, rozetřete odsazenou stěrkou.
g) Navrch položíme druhou polovinu dortu. Nalijte zbývající ½ šálku kávy na vršek dortu a poté naplňte zbývající kešu náplní.
h) Náplň rovnoměrně rozetřeme po dortu. Poprášíme kakaem a ozdobíme hoblinkami čokolády. Před krájením a podáváním nechte alespoň 2 hodiny v chladu.

LŽIČKOVÉ DEZERTY

54. Mocha zmrzlina

SLOŽENÍ:
- 1 šálek kokosového mléka
- 1/4 šálku Vegan Heavy Cream
- 2 polévkové lžíce. Erythritol
- 20 kapek tekuté stévie
- 2 polévkové lžíce. Kakaový prášek
- 1 polévková lžíce. Instantní káva

OBLOHA
- Máta

INSTRUKCE:
a) Smíchejte všechny ingredience a poté přeneste do vašeho výrobníku zmrzliny a míchejte podle pokynů výrobce po dobu 15-20 minut.
b) Když je zmrzlina zmražená, ihned podávejte s lístkem máty.

55. Duhový šerbet

SLOŽENÍ:
- 3 (14 uncí) plechovky slazeného kondenzovaného kokosového mléka, rozdělené
- 4 šálky mražených malin
- 2 šálky mražených broskví
- 2 šálky mraženého manga
- 2 šálky kostek ledu
- ⅓ šálku krystalového cukru
- 2 lžíce čerstvé citronové šťávy
- 2 lžíce čerstvé limetkové šťávy
- 1 lžička citronové kůry
- 1 lžička limetkové kůry

INSTRUKCE:
a) Ve vysokorychlostním mixéru nebo kuchyňském robotu rozmixujte 1 plechovku kondenzovaného mléka a maliny do krémova. Přemístěte do vzduchotěsné nádoby vhodné do mrazáku a zmrazte na 3 až 4 hodiny.
b) Smíchejte 1 plechovku kondenzovaného mléka, broskve a mango, dokud nebudou krémové. Přemístěte do vzduchotěsné nádoby vhodné do mrazáku a zmrazte na 3 až 4 hodiny.
c) Ve střední misce smíchejte zbývající 1 plechovku kondenzovaného mléka, kostky ledu, cukr, citronovou šťávu, limetkovou šťávu, citronovou kůru a limetkovou kůru. Šlehejte do hladka a cukr se rozpustí. Přemístěte do vzduchotěsné nádoby vhodné do mrazáku a zmrazte na 3 až 4 hodiny.
d) Do misky nebo kornoutu dejte jednu odměrku od každé příchutě.

56.Sklizeň ovocný kompot

SLOŽENÍ:
- 5 jablek, nakrájených na 1-palcové kousky
- 3 hrušky, nakrájené na 1-palcové kousky
- 3 pomeranče, oloupané a nakrájené na plátky
- 12 uncový balíček čerstvých brusinek
- 1½ šálku jablečné šťávy
- 1½ hrnku baleného světle hnědého cukru

INSTRUKCE:
a) Všechny ingredience smíchejte v hrnci na polévku a na mírném ohni přiveďte k varu.
b) Snižte teplotu a vařte za pravidelného míchání 10 až 15 minut, nebo dokud ovoce nezměkne.
c) Poté, co ovoce vychladne, přendejte je do vzduchotěsné nádoby a uložte je tam, dokud nebude připraveno k podávání.

57. Dýně Dort

SLOŽENÍ:
- ¾ šálku cukru
- ½ lžičky čistého javorového extraktu
- 2 lžičky nastrouhané pomerančové kůry
- ½ lžičky fleur de sel
- 1½ lžičky mleté skořice
- ½ lžičky mletého muškátového oříšku
- 28-uncová plechovka rostlinného mléka
- 1 šálek dýňového pyré
- ½ šálku italského mascarpone
- 1 lžička čistého vanilkového extraktu t

INSTRUKCE:
a) V hrnci se silným dnem smíchejte cukr, javorový sirup a vodu.
b) Vařte při mírném varu za občasného míchání po dobu 5-10 minut, nebo dokud směs nezíská zlatohnědou barvu a nedosáhne 230 °F.
c) Sundejte pánev z ohně, zašlehejte fleur de sel a hned nalijte do velké kulaté dortové formy.
d) V míse smíchejte rostlinné mléko, dýňové pyré a mascarpone; šlehejte na nízkou rychlost do hladka.
e) Vanilku, javorový extrakt, pomerančovou kůru, skořici a muškátový oříšek prošlehejte dohromady v míse.
f) Dýňovou směs nalijte do pánve s karamelem pomalu, aby se nepromíchaly.
g) Umístěte dortovou formu do pekáče a nalijte do pekáče tolik horké vody, aby sahala do poloviny okrajů dortové formy.
h) Pečte 70–75 minut ve středu trouby, dokud pudink sotva ztuhne.
i) Vyjměte dort z vodní lázně a zcela ochlaďte na chladicí mřížce. Dejte do lednice alespoň na 3 hodiny .
j) Přejíždějte malým nožem kolem okraje plátku.
k) Překlopte dortovou formu na plochý servírovací talíř s mírným okrajem a placku vyklopte na talíř. Karamel by měl stékat po stranách koláče.
l) Nakrájejte na měsíčky a podávejte se lžící karamelu na každém plátku.

58. Chia pudink

SLOŽENÍ:
- 1 plechovka organického kokosového mléka a 1 plechovka vody, spojte d
- 8 lžic chia semínek
- ½ čajové lžičky organického vanilkového extraktu
- 2 lžíce sirupu z hnědé rýže

INSTRUKCE:
a) V míse smíchejte kokosové mléko, vodu, sirup z hnědé rýže a chia semínka.
b) Vše míchejte deset minut.
c) Před podáváním dejte na 30 minut do lednice.
d) Do směsi přidejte 1 lžičku mleté vanilky nebo ½ lžičky organického vanilkového extraktu.
e) Nalijte do dezertních misek a posypte vanilkovým práškem nebo čerstvě mletým muškátovým oříškem.
f) Necháte-li přes noc působit, získá pevnou texturu.

59. Dýňová drobnost

SLOŽENÍ:
DORT:
- 1 krabice Spice Cake, rozdrobená rukama
- 1 ¼ šálku vody

PUDINOVÁ NÁPLŇ:
- 4 šálky rostlinného mléka
- 4 unce směsi máslového pudinku
- 15-uncová plechovka dýňové směsi
- 1½ lžičky dýňového koření
- 12 uncí lehká rostlinná šlehačka

INSTRUKCE:
a) Smíchejte všechny ingredience na dort v 8palcovém čtvercovém pekáči a pečte 35 minut, nebo dokud neztuhnou.
b) Ochlaďte na sporáku nebo mřížce.
c) V míse smíchejte rostlinné mléko a pudingovou směs.
d) Nechte pár minut zhoustnout. Důkladně vmícháme dýni a koření.
e) Začněte tím, že navrstvíte naši část dortu, pak polovinu dýňové směsi, poté čtvrtinu dortu a polovinu rostlinné šlehačky.
f) Vrstvy opakujte
g) Ozdobte šlehačkou a drobenkou na koláč. Nechte v chladu, dokud nebudete připraveni k podávání

60. Dorts s malinovým coulis

SLOŽENÍ:
- 1 šálek mléka
- 1 šálek půl na půl
- 2 velká vejce
- 2 velké žloutky
- 6 balíčků aspartamového sladidla
- ¼ lžičky košer soli
- 1 lžička vanilkového extraktu
- 1 šálek čerstvých malin

INSTRUKCE:
a) Umístěte pekáč naplněný 1 palcem vody na mřížku ve spodní třetině trouby.
b) Máslo šest ½-palcový ramekins. Zahřejte mléko a půl na půl v mikrovlnné troubě na vysoký výkon (100 procent výkonu) po dobu 2 minut nebo na varné desce ve středním hrnci, dokud se nezahřeje.
c) Mezitím vyšleháme vejce a žloutky ve střední misce do pěny.
d) Do vajec postupně zašlehejte horkou mléčnou směs. Vmíchejte sladidlo, sůl a vanilku. Směs nalijte do připravených ramekin.
e) Vložte do pánví naplněných vodou a pečte, dokud pudink neztuhne, asi 30 minut.
f) Vyjměte misky z pekáče a ochlaďte na pokojovou teplotu na mřížce, poté chlaďte, dokud nevychladnou, asi 2 hodiny.
g) Chcete-li připravit coulis, jednoduše rozmačkejte maliny v kuchyňském robotu. Podle chuti přidejte sladidlo.
h) Při podávání přejeďte lžící po okraji každého pudinku a vyklopte jej na dezertní talíř.
i) Vršek pudinku pokapejte coulis a dochuťte několika čerstvými malinami a snítkou máty, pokud používáte.

61. Jahodové suflé

SLOŽENÍ:
- 18 uncí čerstvých jahod, oloupaných
- 1/3 šálku syrového medu
- 5 bio vaječných bílků
- 4 lžičky čerstvé citronové šťávy

INSTRUKCE:
a) Předehřejte troubu na 350ºF.
b) Jahody vložte do mixéru a mixujte, dokud nevznikne pyré.
c) Semena propasírujeme sítem.
d) V misce smíchejte jahodové pyré, 3 lžíce medu, 2 proteiny a citronovou šťávu a pulzujte, dokud nebude nadýchané a světlé.
e) Do jiné mísy přidejte zbylé bílkoviny a šlehejte do nadýchané hmoty.
f) Postupně šlehejte, přidejte zbývající med a šlehejte, dokud se nevytvoří tuhé špičky.
g) Jemně vmíchejte proteiny do jahodové směsi.
h) Směs rovnoměrně přendejte do 6 velkých nádob.
i) Formičky vyskládejte na plech.
j) Vařte asi 10-12 minut.
k) Vyndejte z trouby a ihned podávejte.

62. Limetkový avokádový sorbet infuzovaný koriandrem

SLOŽENÍ:
- 2 avokáda (odstraněné pecky a slupka)
- 1/4 šálku Erythritol, práškový
- 2 střední limetky, odšťavněné a loupané
- 1 šálek kokosového mléka
- 1/4 lžičky Tekutá stévie
- 1/4 – 1/2 šálku koriandr, nasekaný

INSTRUKCE:
a) V hrnci přiveďte kokosové mléko k varu. A přidáme limetkovou kůru.
b) Nechte směs vychladnout a poté zmrazte .
c) V kuchyňském robotu smíchejte avokádo, koriandr a limetkovou šťávu. Pulzujte, dokud nebude mít směs hustou texturu.
d) Avokáda přelijte směsí kokosového mléka a tekutou stévií. Směs promíchejte, dokud nedosáhne požadované konzistence. Provedení tohoto úkolu trvá přibližně 2-3 minuty.
e) Vraťte do mrazáku rozmrazit nebo ihned podávejte!

63.Oříšková dýňová pěna

SLOŽENÍ:
- 2 šálky máslové dýně, oloupané a nakrájené na kostky
- 1 šálek vody
- 1 lžička citronové šťávy
- 1 šálek kešu nebo piniových oříšků
- 4 datle – zbavené pecek a stopky
- ½ lžičky skořice
- 1 lžička muškátového oříšku
- 2 lžičky organického vanilkového extraktu

INSTRUKCE:
a) V mixéru smíchejte všechny ingredience a mixujte zhruba 5 minut, nebo dokud se dobře nespojí.
b) Přendejte do jednotlivých servírovacích šálků nebo velké servírovací misky.
c) To lze nechat v lednici přes noc a chutě se prolnou, takže bude ještě pikantnější.
d) Před podáváním pokapeme javorovým sirupem.

64. Mražené hrnce s čokoládou a mátou peprnou

SLOŽENÍ:
- 1½ šálku hořké čokolády bez mléčných výrobků
- 2 (16 uncové) balíčky hedvábného tofu, okapané
- ¼ šálku plus 2 lžíce javorového sirupu
- 2 lžíce čokoládového sirupu
- 1 lžička vanilkového extraktu
- ½ lžičky mandlového extraktu
- ½ lžičky soli
- 6 až 8 červených a bílých mátových bonbónů, rozdrcených

INSTRUKCE:
a) V žáruvzdorné skleněné míse umístěné nad hrncem naplněným 2 až 3 palci vroucí vody zahřejte čokoládové lupínky za častého míchání, dokud se nerozpustí. (Nebo rozpusťte v mikrovlnné troubě ve 30sekundových intervalech, dokud se nespojí a nebude hladká, mezitím míchejte.)
b) V kuchyňském robotu zpracovávejte tofu 2 minuty, nebo dokud nebude hladké. Přidejte rozpuštěnou čokoládu, javorový sirup, čokoládový sirup, vanilku, mandlový extrakt a sůl. Zpracujte asi 3 minuty, nebo dokud nebude krémová.
c) Rovnoměrně rozdělte do 4 hrnků vhodných do mrazáku. Naplňte každý bonbóny a dejte na 2 hodiny zamrazit. Před podáváním vyndejte z mrazáku a 20 minut rozmrazujte.

65. z banánů, granoly a bobulí

SLOŽENÍ:
- 1 lžíce cukrářského cukru
- ¼ šálku nízkotučné granoly
- 1 šálek nakrájených jahod
- 1 banán
- 12 uncí beztučného ananasového řeckého jogurtu
- 2 lžičky horké vody
- 1 lžíce kakaa, neslazeného

INSTRUKCE:
a) navrstvěte 1/3 šálku jogurtu, 1/4 šálku nakrájených jahod, 1/4 šálku nakrájených banánů a 1 polévkovou lžíci granoly .
b) Smíchejte kakao, cukrářský cukr a vodu do hladka.
c) Mrholení nad každým parfaitem.

66. Čokoládové amaretto fondue

SLOŽENÍ:
- 3 unce neslazené čokolády na pečení
- 1 šálek husté smetany
- 24 balíčků aspartamového sladidla
- 1 lžíce cukru
- 1 lžička amaretta
- 1 lžička vanilkového extraktu
- Bobule , ½ šálku na porci

INSTRUKCE:
a) Čokoládu nalámejte na malé kousky a vložte do odměrky na 2 šálky se smetanou.
b) Zahřívejte v mikrovlnné troubě na vysokou teplotu, dokud se čokoláda nerozpustí, asi 2 minuty . Šlehejte, dokud není směs lesklá.
c) Přidejte sladidlo, cukr, amaretto a vanilku a šlehejte, dokud není směs hladká.
d) Přendejte směs do hrnce na fondue nebo servírovací misky. Podávejte s ovocem na namáčení.

67.Různé Bobule Granita

SLOŽENÍ:
- ½ šálku čerstvých jahod, oloupaných a nakrájených na plátky
- ½ šálku čerstvých malin
- ½ šálku čerstvých borůvek
- ½ šálku čerstvých ostružin
- 1 polévková lžíce javorového sirupu
- 1 lžíce čerstvé citronové šťávy
- 1 šálek kostek ledu, drcených

INSTRUKCE:
a) Bobule, javorový sirup, citronovou šťávu a kostky ledu vložte do vysokorychlostního mixéru a mixujte při vysoké rychlosti do hladka.
b) Směs bobulí přeneste do zapékací misky o rozměrech 8 x 8 palců, rovnoměrně ji rozetřete a zmrazte alespoň 30 minut.
c) Vyndejte z mrazáku a granitu úplně rozmíchejte vidličkou.
d) Zmrazte na 2–3 hodiny a každých 30 minut promíchejte.

68.Ne-churn Skalnatý Silnicezmrzlina

SLOŽENÍ:
- ½ šálku strouhaného neslazeného kokosu
- 3 nakrájené a zmrazené banány
- ½ šálku slazeného kondenzovaného kokosového mléka
- 3 lžíce kakaového prášku z holandského procesu
- 2 lžíce javorového sirupu nebo agávového nektaru
- 1 lžička vanilkového extraktu
- ¼ šálku mini čokoládových lupínků bez mléčných výrobků
- ¼ šálku nasekaných, nesolených mandlí
- ¼ šálku mini veganských marshmallows, jako je značka Dandies
- ¼ šálku drcených kousků preclíku

INSTRUKCE:
a) Předehřejte troubu na 350ºF. Menší plech s okrajem vyložte pečicím papírem. Strouhaný kokos rozetřeme v rovnoměrné vrstvě na připravený plech.
b) Opékejte, pozorně sledujte, asi 5 minut, nebo dokud lehce nezhnědnou. Vyjměte z trouby a nechte zcela vychladnout.
c) V kuchyňském robotu rozdrťte banány, dokud nebudou drobivé. Přidejte kondenzované mléko, kakaový prášek, javorový sirup a vanilku. Zpracujte, dokud nebude krémová, podle potřeby zastavte, abyste misku seškrábali.
d) Přidejte pražený kokos, čokoládové lupínky, mandle a marshmallows. Pulzujte, dokud není začleněno. Přendejte do mísy a jemně vmíchejte preclíky.
e) Ihned podávejte jako měkkou pochoutku nebo přendejte do vzduchotěsné nádoby na zmrzlinu a zmrazte na 4 až 6 hodin. Před podáváním nechte 15 minut rozmrazit.

69.Trojnásobný Puding Parfait

SLOŽENÍ:

- 1 (3,4 unce) krabice veganského instantního vanilkového pudinkového mixu
- 2⅔ šálků neslazeného mandlového mléka, studeného, rozděleného
- 2 lžíce čokoládových lupínků bez mléčných výrobků
- 1 zralé střední avokádo, vypeckované a oloupané
- ½ šálku plus 1 polévková lžíce kakaového prášku holandského zpracování, rozděleného
- ½ šálku baleného světle hnědého cukru
- 1 lžička vanilkového extraktu
- ¼ lžičky soli
- 1 šálek kokosové šlehačky nebo koupené v obchodě
- 4 veganské maraschino nebo čerstvé třešně (volitelné)

INSTRUKCE:

a) Pomocí elektrického ručního mixéru ve střední míse šlehejte instantní pudingovou směs a 2 hrnky mléka na střední stupeň asi 2 minuty nebo do zhoustnutí. Během přípravy tmavého čokoládového pudinku dejte vychladit.

b) V žáruvzdorné skleněné míse umístěné nad hrncem naplněným 2 až 3 palci vroucí vody zahřejte čokoládové lupínky za častého míchání, dokud se nerozpustí. (Nebo rozpusťte v mikrovlnné troubě v 30sekundových intervalech, dokud nebude hladká, mezitím míchejte.)

c) V mixéru nebo kuchyňském robotu rozmixujte zbývající ⅔ šálku mléka, avokádo, ½ šálku kakaového prášku, cukr, rozpuštěnou čokoládu, vanilku a sůl, dokud nebude hladká a krémová. Polovinu přendejte do samostatné misky a smíchejte s polovinou vanilkového pudinku, abyste vytvořili vrstvu „mléčné čokolády".

d) Zbylý hořký čokoládový pudink rovnoměrně rozdělte do 4 sklenic. Na každý naneste vrstvu zbylého vanilkového pudinku a poté vrstvu pudinku z „mléčné čokolády".

e) Každý parfait navršte šlehačkou, třešničkou (pokud používáte) a popraškem zbývající 1 lžíce kakaového prášku. Nechejte 1 hodinu v chladu ztuhnout.

70.Čokoládová pěna

SLOŽENÍ:
- 1 (3½ unce) tyčinka bez mléčných výrobků 70% hořká čokoláda
- 1 lžička kokosového oleje
- 1 (12 uncový) balíček hedvábného tofu
- 3 lžíce javorového sirupu
- 2 lžíce kakaového prášku z holandského procesu
- ½ lžičky vanilkového extraktu
- ¼ lžičky soli

INSTRUKCE:
a) V žáruvzdorné skleněné míse umístěné nad malým hrncem naplněným 2 až 3 palci vroucí vody zahřejte čokoládu a olej za častého míchání, dokud se nerozpustí.

b) V kuchyňském robotu rozmixujte tofu, rozpuštěnou čokoládu, javorový sirup, kakaový prášek, vanilku a sůl, dokud nebude úplně hladká. Přendejte do misky a dejte na 1 hodinu do lednice.

71. Mražený ovocný dezert

SLOŽENÍ:
- 14-uncová plechovka kokosového mléka
- 1 šálek mražených kousků ananasu, rozmražených
- 4 šálky zmrazených banánových plátků, rozmražené
- 2 lžíce čerstvé limetkové šťávy
- špetka soli

INSTRUKCE:
a) Skleněnou zapékací misku vyložte plastovým obalem.
b) rozmixujte do hladka.
c) Připravenou zapékací mísu rovnoměrně naplňte směsí.
d) Před podáváním necháme asi 40 minut zmrazit.

72. Espresso Crème Caramel

SLOŽENÍ:
PRO KARAMEL
- 1½ šálku superjemného cukru, rozděleného
- ½ šálku vody

PRO PUČINKU
- 2 (14 uncí) plechovky plnotučného kokosového mléka
- ⅓ šálku uvařeného espressa nebo silné kávy
- 1¼ lžičky kukuřičného škrobu
- ½ lžičky vanilkového extraktu

INSTRUKCE:
a) Postavte 6 (6 uncí) ramekinů na rovný povrch.
b) Připravte karamel: Ve středním hrnci přiveďte bez míchání cukr a vodu k varu na vysoké teplotě. Snižte teplotu na mírný plamen.
c) Vařte za stálého sledování 5 až 10 minut, nebo dokud se nezačnou objevovat tmavé karamelové skvrny. Zvedněte rendlík a 2krát nebo 3krát zakružte, poté se vraťte na sporák, dokud nebude omáčka tmavě jantarová. Ihned nalijte karamel do ramekins.
d) Připravte si pudink: Ve středním kastrolu přiveďte mléko, espresso, kukuřičný škrob a vanilku k varu na středním plameni. Vařte za stálého šlehání 10 až 15 minut nebo do zhoustnutí.
e) Směs přeceďte přes jemné síto, abyste odstranili případné hrudky. Na karamel nalijte pudink. Dejte do chladničky alespoň na 12 hodin (až přes noc).
f) Držte 1 ramekin v ruce, zakryjte horní část a protřepejte jím ze strany na stranu. Obraťte dezertní talíř na ramekin a otočte celou věc tak, aby byl talíř na dně a ramekin nahoře. Talíř položte na rovný povrch a jemně zvedněte ramekin, abyste dezert vyjmuli. Pokud se krémový karamel nedostane na talíř, zkuste přejet nožem po okrajích, aby se uvolnil. Opakujte pro zbývající ramekiny.

73. Karamelizovaný banánovo-pekanový parfait

SLOŽENÍ:
- 1 šálek půlky pekanových ořechů
- ¼ šálku javorového sirupu
- 1 (3,4 unce) balení veganské instantní banánové pudingové směsi
- 2 šálky mandlového mléka
- ⅓ šálku veganského másla
- ¾ šálku baleného hnědého cukru
- ¼ lžičky mleté skořice
- 3 střední banány, nakrájené na kolečka

INSTRUKCE:
a) Předehřejte troubu na 350ºF. Menší plech s okrajem vyložte pečicím papírem.
b) V malé misce vhoďte pekanové ořechy do javorového sirupu. Rozprostřete na připravený plech v rovnoměrné vrstvě a pečte 10 až 15 minut, nebo dokud nebudou opečené a zkaramelizované. Vyjměte z trouby. Nechte úplně vychladnout, asi 15 minut.
c) Pomocí elektrického ručního mixéru ve střední misce šlehejte instantní pudingovou směs a mléko na střední stupeň asi 2 minuty nebo do zhoustnutí. Dáme do lednice na cca 30 minut.
d) Mezitím v široké pánvi rozpusťte máslo na středně mírném ohni. Vmíchejte cukr a skořici. Přidejte banány a za mírného míchání vařte 3 až 5 minut, nebo dokud nezesklovatí a nezměknou.
e) Vyložte 4 sklenice na parfait a do každé přidejte vrstvu pudinku, poté vrstvu banánů a další vrstvu pudinku. Pekanové ořechy nasekejte nahrubo a nasypte navrch každé parfait.

74. Černábobule Eton Mess

SLOŽENÍ:
PRO SUŠINKY COOKIES
- 3 unce aquafaby
- 2 lžičky vanilkového extraktu
- ½ lžičky tatarského krému
- ¾ šálku krystalového cukru
- 3 lžíce moučkového cukru

NA KOMPOT ČERNÁBOBULE
- 1 pinta čerstvých ostružin, rozdělených
- ½ šálku krystalového cukru
- 2 lžíce čerstvé citronové šťávy

K NÁPLNĚ:
- 1½ šálku kokosové šlehačky nebo koupené v obchodě
- Čerstvé ostružiny, na ozdobu (volitelné)

INSTRUKCE:
a) Předehřejte troubu na 200ºF. 2 velké pečící plechy vyložte pečicím papírem.

VYTVOŘTE SOUBORY:
b) Pomocí elektrického ručního mixéru ve velké míse šlehejte aquafabu, vanilku a tatarskou smetanu na středně vysokou teplotu po dobu 10 minut, nebo dokud se nevytvoří tuhé vrcholy. Pomalu přidávejte krystalový cukr a moučkový cukr a pokračujte ve šlehání, dokud se cukry nerozpustí a chmýří není lesklé.

c) Naberte polévkové lžíce pusinek na plechy nebo použijte vytlačovací sáček s hvězdicovou špičkou a vyndejte 18 (2palcových) pusinek. Pečte 1 až 1½ hodiny, nebo dokud nebudou suché na dotek. Vyjměte z trouby a nechte úplně vychladnout, asi 1 hodinu.

PŘIPRAVTE KOMPOT ČERNÁBOBULE:
d) V širokém hrnci přiveďte polovinu ostružin, cukr a citronovou šťávu k plnému varu a během vaření lehce rozmačkejte bobule. Snižte teplotu a vařte 10 minut. Sundejte z plotny a vmíchejte zbývající bobule.

e) Dejte do lednice asi na 20 minut, nebo do vychladnutí.

K SESTAVENÍ:
f) Jemně rozdrťte pusinky na velké a malé kousky. Rozdělte rovnoměrně do 6 sklenic nebo nádobí.

g) Ke každé dáme vrstvu kompotu, další vrstvu pusinek a navrch ušleháme šlehačku.

h) Ozdobte bobulemi (pokud používáte) a ihned podávejte nebo chlaďte 1 hodinu.

75. Malinovo-čokoládová drobnosť

SLOŽENÍ:
NA DORT
- 5 polévkových lžic rostlinného oleje, plus více na mazání
- 1½ šálku plus 3 lžíce univerzální mouky
- 1 šálek krystalového cukru
- 1 lžička jedlé sody
- ½ lžičky soli
- 1 šálek vody
- 2 lžičky vanilkového extraktu
- 1 lžička bílého octa
- 2 recepty Čokoládová pěna

PRO RASPBOBULE COULIS
- 1½ šálku mražených malin
- ½ šálku krystalového cukru
- 3 lžíce čerstvé pomerančové šťávy

K NÁPLNĚ:
- 2 půllitry čerstvých malin, rozdělených
- 1 várka kokosové šlehačky
- 2 lžíce nastrouhané bezmléčné 70% hořké čokolády

INSTRUKCE:
a) Předehřejte troubu na 350 °F. Vymažte pekáč o rozměrech 8 x 8 palců.
b) Připravte koláč: Ve velké míse smíchejte mouku, cukr, jedlou sodu a sůl. Přidejte vodu, olej, vanilku a ocet. Míchejte, dokud nezůstanou žádné hrudky. Nalijte do připraveného pekáče a pečte 35 minut, nebo dokud nebude párátko zapíchnuté do středu čisté.
c) Vyjměte z trouby. Necháme 10 minut vychladnout, poté dáme na cca 30 minut do lednice.
d) Připravte malinové coulis: Mezitím ve středním hrnci vařte maliny, cukr a pomerančovou šťávu na středním plameni 4 až 6 minut, nebo dokud se cukr nerozpustí a maliny se nerozloží. Nalijte do jemného síta a preceďte, abyste odstranili všechna semínka.
e) Sestavte maličkost: Dort rozřízněte vodorovně na polovinu, abyste vytvořili 2 vrstvy, poté každou vrstvu nakrájejte na obdélníky, aby se vešly do misky na drobnosti. Umístěte vrstvu koláče na dno misky a podle potřeby rozdrťte kousky, aby zakryly dno.
f) Přidejte polovinu pěny a rovnoměrně rozetřete, ale nezabalte. Přidejte 1 litr malin. Přidejte zbývající koláč, abyste vytvořili 1 další vrstvu. Přidejte coulis a doplňte zbývající pěnou. Navrch dejte šlehačku a ozdobte zbylým půllitrem čerstvých malin a nastrouhanou čokoládou.

76.Pekanová zmrzlina

SLOŽENÍ:
- 2 šálky rostlinného mléka
- 1 šálek smetany na rostlinné bázi
- ½ šálku světle hnědého cukru
- 1 lžička vanilkového extraktu
- 1 šálek hrubě nasekaných pekanových ořechů
- ⅔ šálku javorového sirupu
- 2 lžíce rozpuštěného nesoleného rostlinného másla
- ¼ lžičky košer soli

INSTRUKCE:
a) V hrnci smíchejte rostlinné mléko a rostlinnou smetanu.
b) Přidejte cukr a dobře promíchejte. Zahřívejte na mírném ohni, dokud se neopaří.
c) Do pánve zašlehejte několik lžic horké mléčné rostlinné směsi.
d) Když se směs ochladí, pokračujte v míchání dalších 5 minut nebo déle. Vmícháme vanilkový extrakt.
e) Po lžících pudinku nalijte do misky, přikryjte a chlaďte 6 hodin nebo přes noc.
f) V těžké pánvi opečte na mírném ohni pekanové ořechy. Míchejte je, dokud jemně nezhnědnou. Odstraňte pánev z ohně. Přidejte javorový sirup, rostlinné máslo a sůl podle chuti.
g) Míchejte, aby se pekanové ořechy rovnoměrně obalily. Směs ochlaďte.
h) Vychlazený pudink nalijte do zmrzlinového stroje a šlehejte 40 až 50 minut, nebo dokud směs nezíská konzistenci měkké zmrzliny.
i) Umístěte jej do mixovací nádoby. Vmíchejte vychladlé ořechy a sirup.
j) Zmrzlinu zmrazte v jedné nebo více nádobách alespoň na 2 hodiny, nebo dokud neztuhne.

77.Brusinková zmrzlina

SLOŽENÍ:
BRUSINKOVÉ pyré
- ¼ šálku vody
- ¼ lžičky soli
- 12 oz čerstvých brusinek, očištěných a roztříděných
- 2 PL čerstvě vymačkané pomerančové šťávy

ZMRZLINA
- 1½ šálku těžkého krému na rostlinné bázi
- 1½ šálku rostlinného mléka
- 1 šálek cukru
- 1¼ šálku brusinkového pyré

INSTRUKCE:
BRUSINOVÉ pyré:
a) Zahřívejte vodu, sůl a brusinky po dobu 6-7 minut na mírném ohni.
b) Odstraňte z ohně a nechte 10 minut vychladnout.
c) V mixéru nebo kuchyňském robotu rozmixujte brusinky a pomerančový džus.
d) Brusinkové pyré dejte na několik hodin do lednice.

ZMRZLINA
e) Smíchejte rostlinnou smetanu, rostlinné mléko, cukr a brusinkové pyré v mixovací nádobě.
f) Ve stroji na zmrzlinu šlehejte ingredience podle pokynů výrobce.
g) Zmraženou směs přendejte do vychlazené nádoby na zmrzlinu.
h) Zmrazte minimálně 4-6 hodin.
i) Před podáváním nechte 5-10 minut rozmrazit v lednici.

78.P dýňový krém

SLOŽENÍ:
- 1 šálek dýně
- 1 lžička mleté skořice
- ¼ lžičky mletého zázvoru
- 2 špetky čerstvě nastrouhaného muškátového oříšku
- špetka soli
- 1 šálek kokosového mléka
- 8-10 kapek tekuté stévie
- 1 lžička organického vanilkového extraktu

INSTRUKCE:
a) Předehřejte troubu na 350ºF.
b) Smíchejte dýni a koření v a miska.
c) Smíchejte ostatní ingredience, dokud se úplně nespojí.
d) Přeneste směs do 6 ramekinů.
e) vložte mušle do kastrolu,
f) Přidejte vodu do kastrolu kolem ramekins.
g) Pečte alespoň 1 hodinu.

NEPEČENÉ DEZERTY

79. Díry skořice a javoru

SLOŽENÍ:
PRO DÍRY NA DONUTY
- 1 hrnek mandlové mouky
- ¼ šálku baleného hnědého cukru
- 1½ lžičky mleté skořice
- ¼ lžičky soli
- ⅛ lžičky mletého muškátového oříšku
- ¼ šálku pevného kokosového oleje
- 1 lžíce mandlového másla
- 1 lžíce vody
- 1 lžička vanilkového extraktu

NA GLAZURU:
- 2 hrnky moučkového cukru
- 3 lžíce neslazeného mandlového mléka
- 2 lžíce javorového sirupu

INSTRUKCE:
a) Velký plech vyložte pečicím papírem.
b) Udělejte dírky do koblih: Ve velké míse smíchejte mouku, cukr, skořici, sůl a muškátový oříšek.
c) Pomocí elektrického ručního mixéru ve střední misce rozšlehejte nebo vyšleháme olej, máslo, vodu a vanilku na středním stupni do hladka.
d) Postupně přidávejte suché ingredience a šlehejte, dokud nevznikne těsto. Po lžících těsta naberte do dlaní a vyválejte z něj kuličky. Kuličky dejte na připravený plech a dejte na cca 15 minut do chladu.
e) Udělejte polevu: Ve střední misce šlehejte cukr, mléko a javorový sirup, dokud nebude hladká a tekutá, ale dostatečně hustá, aby pokryla zadní stranu lžíce.
f) Pomocí vidličky namáčíme každou dírku na koblihu do polevy a poté je vrátíme na talíř. Dáme do lednice asi na 10 minut, aby poleva ztuhla.

80. Citronově kokosové sněhové koule

SLOŽENÍ:
- 2½ šálků strouhaného neslazeného kokosu, rozdělených
- ½ šálku syrových mandlí
- 3 lžíce čerstvé citronové šťávy
- 2 lžíce javorového sirupu
- 2 lžíce kokosového oleje, rozpuštěného
- 1 lžička citronové kůry

INSTRUKCE:
a) Talíř vyložte pečicím papírem. Do mělké misky dejte ½ šálku strouhaného kokosu.
b) V kuchyňském robotu zpracujte zbývající 2 šálky strouhaného kokosu, mandle, citronovou šťávu, javorový sirup, olej a kůru, dokud nevznikne těsto.
c) Vydlabejte polévkové lžíce těsta. Čistýma rukama z nich udělejte kuličky.
d) Jednu kuličku po druhé vhazujte do odloženého kokosu a poté přendejte na připravený talíř. Před jídlem chlaďte alespoň 30 minut.
e) Zbytky chlaďte ve vzduchotěsné nádobě po dobu 2 až 3 dnů.

81. Kůra máty z cukrové třtiny

SLOŽENÍ:
- 2 šálky hořké čokolády bez mléčných výrobků
- 1 lžička mátového extraktu
- 3 cukrové tyčinky nebo 8 až 10 mátových cukrovinek, jemně rozdrcených, rozdělených
- 2½ šálků bílé čokolády bez mléčných výrobků

INSTRUKCE:
a) Vyložte pečicí plech o rozměrech 9 x 13 palců nebo pečicí plech s okrajem voskovým papírem.
b) V žáruvzdorné skleněné míse umístěné nad hrncem naplněným 2 až 3 palci vroucí vody zahřívejte hořkou čokoládu za stálého míchání, dokud se nerozpustí.
c) Za stálého míchání přiléváme výtažek z máty peprné, poté stáhneme z ohně a velmi rychle nalijeme čokoládu na připravenou pánev a uhladíme, aby rovnoměrně pokryla celý pokrm. Posypte polovinou rozdrcených bonbonů a poté na 15 minut zmrazte.
d) Po vychladnutí opakujte krok 2, aby se kousky bílé čokolády za stálého míchání roztavily, dokud nebudou hladké.
e) Bílou čokoládu rovnoměrně nalijeme na zmrzlou čokoládovou vrstvu a poklademe zbývajícími bonbony. Zmrazte na 30 minut nebo do ztuhnutí. Nakrájejte na kousky a uchovávejte v chladničce ve vzduchotěsné nádobě po dobu až 2 týdnů.

82. Poháry s arašídovým máslem s mořskou solí

SLOŽENÍ:
- 2 šálky bezmléčných čokoládových lupínků, rozdělené
- 2 lžičky kokosového oleje, rozdělené
- 1 šálek krémového arašídového másla
- ½ šálku moučkového cukru
- ½ lžičky mořské soli, rozdělené

INSTRUKCE:
a) Standardní formu na muffiny vyložte vložkami.
b) V žáruvzdorné skleněné míse umístěné nad hrncem naplněným 2 až 3 palci vroucí vody zahřejte 1 šálek čokoládových lupínků a 1 lžičku oleje za častého míchání, dokud se nerozpustí. (Nebo ohřívejte v mikrovlnné troubě ve 30sekundových intervalech, dokud se nerozpustí a nespojí, mezitím míchejte.)
c) Čokoládu rovnoměrně rozdělte do připravených košíčků na muffiny. Dejte na 15 minut do lednice.
d) Mezitím pomocí elektrického ručního mixéru ve střední misce šlehejte arašídové máslo, cukr a ¼ lžičky soli na střední stupeň, dokud se zcela nespojí. Náplň rozdělte rovnoměrně do každého čokoládového košíčku. Plech vraťte do lednice.
e) Opakujte krok 2, abyste rozpustili zbývající 1 šálek čokoládových lupínků a 1 lžičku oleje.
f) Na vrstvu arašídového másla nalijte čokoládu a posypte zbylou ¼ lžičky soli. Dejte do lednice asi na 2 hodiny, nebo dokud neztuhne. Uchovávejte ve vzduchotěsné nádobě v chladničce po dobu až 1 týdne.

83. Čokoládové, třešňové a mandlové lanýže

SLOŽENÍ:
- ¼ šálku mražených třešní, rozmražených
- ¼ šálku veganského másla při pokojové teplotě
- 3 lžíce kukuřičného sirupu
- ¼ lžičky soli
- 3 šálky moučkového cukru, rozdělené
- ½ šálku mandlové mouky
- ½ lžičky vanilkového extraktu
- ½ lžičky mandlového extraktu
- 1 až 2 kapky veganského červeného gelového potravinářského barviva
- 2¾ šálků bezmléčných čokoládových lupínků
- 1 lžíce kokosového oleje

INSTRUKCE:

a) V malé misce rozmačkejte třešně vidličkou, dokud nejsou většinou na kaši. Sceďte v malém sítku s jemnými oky, abyste odstranili přebytečnou tekutinu.

b) Pomocí elektrického ručního mixéru ve velké míse šlehejte máslo, kukuřičný sirup a sůl na středním stupni asi 3 minuty nebo do hladka. Přidejte ½ šálku cukru a mouku. Šlehejte až do zapracování. Po ½ šálku přidejte 1½ šálku cukru a mezi přidáváním šlehejte, dokud se zcela nezapracuje.

c) Přidejte třešňové pyré, vanilku, mandlový extrakt a potravinářské barvivo. Mícháme do zrůžovění. Přidejte ½ šálku cukru a šlehejte na střední stupeň, dokud se nezapracuje. Pokud je náplň dostatečně hustá na nabírání, dejte na 1 hodinu do lednice. Pokud je stále sypký, přidejte zbývající ½ šálku cukru, 2 polévkové lžíce najednou, dokud nedosáhnete požadované tloušťky, a poté dejte na 1 hodinu do chladničky.

d) Velký pečicí plech s okrajem (nebo 2 malé) vyložte pečicím papírem. Pracujte rychle, aby se vaše ruce fondán příliš nezahřály, naberte do ruky lžíci fondánu a srolujte jej do koule. Položte na připravený plech. Opakujte se zbývajícím fondánem. Plech vložte do mrazáku, aby ztuhl, zatímco budete dělat čokoládovou polevu.

e) V žáruvzdorné skleněné misce umístěné nad hrncem naplněným 2 až 3 palci vroucí vody zahřejte čokoládové lupínky a olej za častého míchání, dokud se nerozpustí. Sundejte z plotny.

f) Pomocí vidličky ponořte fondánové kuličky jednu po druhé do čokolády a nechte přebytek okapat, než lanýže položíte zpět na plech . Dejte na 3 hodiny do lednice. Pro dosažení nejlepších výsledků uchovávejte v chladničce po dobu až 2 týdnů nebo zmrazené po dobu až 2 měsíců.

84. Sušenky a karamelové tyčinky

SLOŽENÍ:
PRO ZÁKLADNU COOKIE
- 2 šálky ovesných vloček
- 1 hrnek mandlové mouky
- 3 lžíce agávového nektaru
- 3 lžíce kokosového oleje, rozpuštěného
- ½ lžičky soli

NA KARAMELOVOU VRSTVU
- 9 vypeckovaných datlí Medjool, měkčených
- ¼ šálku horké vody
- 2 lžíce kešu másla
- 2 lžíce kokosového oleje, rozpuštěného

NA ČOKOLÁDOVÝ POTAH
- 1 šálek bezmléčných čokoládových lupínků
- 1 lžíce kokosového oleje

INSTRUKCE:

a) Standardní formu na bochník 4½ x 8½ palce vyložte na všech 4 stranách plastovým obalem nebo pergamenovým papírem.
b) Připravte základ pro sušenky: V kuchyňském robotu rozdrťte ovesné vločky na jemný prášek. Ve velké míse smíchejte oves, mouku, agáve, olej a sůl. Pomocí stěrky míchejte, dokud se základ při stlačení mezi prsty neslepí (jako mokrý písek). Pevně zatlačte do připravené pánve, aby se vytvořila kůrka. Během přípravy karamelové vrstvy dejte do lednice.
c) Vytvořte karamelovou vrstvu: V kuchyňském robotu nebo mixéru rozmixujte datle, vodu, máslo a olej, dokud nebudou husté a hladké. Nalijte karamel na základ pro sušenky a rozetřete jej špachtlí, abyste zajistili úplné pokrytí. Nechte v lednici asi 45 minut, nebo dokud neztuhne.
d) Okrajový plech vyložte pečicím papírem a na něj položte mřížku. Vychlazenou tyčinku nakrájíme na 12 plátků.
e) Připravte čokoládovou polevu: V žáruvzdorné skleněné misce umístěné nad hrncem naplněným 2 až 3 palci vařící vody zahřejte čokoládové lupínky a olej za častého míchání, dokud se nerozpustí. (Nebo ohřívejte v mikrovlnné troubě ve 30sekundových intervalech, dokud se nerozpustí, mezitím míchejte.) Nalijte do široké, mělké misky.
f) Pomocí vidličky namáčejte každou tyčinku do čokolády a položte na mřížku, aby přebytek odkapal. Jakmile čokoláda ztuhne a už nevypadá lesklá ani mokrá, asi 15 minut, přendejte ji do vzduchotěsné nádoby a chlaďte až do podávání.

85."Top 5" Tyčinku

SLOŽENÍ:
PRO ZÁKLADNU
- 2 šálky slaných preclíkových tyčinek
- 1½ šálku krémového arašídového másla, rozděleného
- ¾ šálku veganského másla, rozpuštěného
- 1 hrnek moučkového cukru

PRO KARAMEL
- 2 šálky datlí Medjool bez pecek, změkčené
- 1 hrnek neslazeného mandlového mléka
- 1 lžička vanilkového extraktu
- ¼ lžičky soli

K NÁPLNĚ:
- 2 šálky nasucho opražených arašídů
- ¾ šálku strouhaného neslazeného kokosu
- 2 ½ šálků čokoládových lupínků bez mléčných výrobků
- 2 lžíce kokosového oleje

INSTRUKCE:
a) Pekáč o rozměrech 9 x 13 palců vyložte pečicím papírem.

UDĚLEJTE ZÁKLAD:
b) V kuchyňském robotu rozdrťte preclíkové tyčinky na drobky. (Nebo je můžete umístit do uzavíratelného sáčku a rozdrtit válečkem.)
c) Přeneste do velké mísy. Přidejte 1 šálek arašídového másla, másla a cukru. Míchejte, dokud se směs nespojí jako těsto. Pevně zatlačte na dno připraveného pekáče a chlaďte, zatímco budete dělat další vrstvu.

UDĚLEJTE KARAMEL:
d) V kuchyňském robotu nebo ve vysokorychlostním mixéru rozmixujte datle, mléko, vanilku a sůl do hladka. Nalijte na základnu a rozetřete stěrkou, aby byla rovnoměrně pokryta. Dejte na 30 minut do lednice.
e) Rozpusťte zbývající ½ šálku arašídového másla v mikrovlnné troubě po dobu asi 30 sekund, nebo dokud nebude tekuté. Rovnoměrně nalijte na karamelovou vrstvu, poté na ně přidejte arašídy a strouhaný kokos. Dejte na 1 hodinu do lednice.
f) Olemovaný plech vyložte pečicím papírem. Nakrájejte tyč na 2-palcové čtverce. Položte na připravený plech a zmrazte asi 20 minut.
g) V žáruvzdorné skleněné misce umístěné nad hrncem naplněným 2 až 3 palci vroucí vody zahřejte čokoládové lupínky a olej za častého míchání, dokud se nerozpustí.
h) Pomocí vidličky natíráme čtverce jeden po druhém v čokoládě. Vraťte na plech a dejte na 20 až 30 minut do chladu.

86.Čokoládové lasagne

SLOŽENÍ:
PRO KŮRU:
- 1 lžíce veganského másla při pokojové teplotě plus 6 rozpuštěných lžic
- 1 (10 uncový) balíček veganských čokoládových sendvičových sušenek, drcené
- ¼ lžičky soli

NA KRÉMOVOU VRSTBU
- 1 (8 uncí) balení veganského smetanového sýra při pokojové teplotě
- ¼ šálku krystalového cukru
- 2 lžíce kokosového mléka
- ½ lžičky vanilkového extraktu
- 1½ šálku kokosové šlehačky nebo koupené v obchodě

NA PUDINKOVOU VRSTVU
- 1 (3,4 unce) balení veganské instantní čokoládové pudingové směsi
- 1 (3,4 unce) balení veganského instantního vanilkového pudinkového mixu
- 4 šálky nápoje z kokosového mléka
- 3 šálky kokosové šlehačky nebo koupené v obchodě na polevu
- 2 šálky bezmléčných čokoládových lupínků

INSTRUKCE:
UDĚLEJTE KŮRU:
a) Vymažte pekáč o rozměrech 9 x 13 palců máslem pokojové teploty.
b) Ve velké míse smíchejte rozdrcené sušenky, rozpuštěné máslo a sůl, dokud se dobře nespojí.
c) Nalijte směs do připraveného pekáče a pevně přitlačte, aby pokryla dno a vytvořila se kůrka. Zmrazte asi 15 minut.

UDĚLEJTE KRÉMOVOU SÝROVOU VRSTVU:
d) Mezitím pomocí elektrického ručního mixéru ve velké míse ušlehejte smetanový sýr, cukr, kokosové mléko a vanilku na střední stupeň, dokud se důkladně nespojí.
e) Přiklopte nebo jemně vmíchejte šlehačku, poté celou směs nalijte na kůrku a rovnoměrně rozetřete odsazenou stěrkou nebo zadní stranou lžíce. Zmrazte dalších 15 minut.

UDĚLEJTE PUDINKOVOU VRSTVU:
f) Mezitím pomocí elektrického ručního mixéru v jiné velké míse šlehejte nebo šlehejte směs čokoládového pudinku, směs vanilkového pudinku a kokosový nápoj na střední stupeň asi 3 minuty, nebo dokud lehce nezhoustne a nebude hladká.
g) Nalijte na tvarohovou vrstvu a zmrazte asi dalších 15 minut.
h) Navrch rozetřeme šlehačku. Posypeme čokoládovými lupínky.
i) Volně zakryjte plastovou fólií a nechte asi 3 hodiny v chladu.

87. Nadstandardní rýžové cereální pochoutky

SLOŽENÍ:
- 1½ šálku neochucených rýžových křupavých obilovin
- 1½ šálku čokoládové rýže křupavé cereálie
- ⅓ šálku nasekaných pekanových ořechů
- ⅓ šálku strouhaného neslazeného kokosu
- ⅓ šálku krémového arašídového másla
- ⅓ šálku javorového sirupu
- ½ lžičky vanilkového extraktu
- ½ lžičky mandlového extraktu

INSTRUKCE:
a) Vyložte pečicí plech o rozměrech 8 x 8 palců pečicím papírem, přičemž na všech stranách ponechejte trochu navíc viset.
b) Ve velké misce smíchejte neochucené rýžové křupavé cereálie, čokoládové rýžové křupavé cereálie, pekanové ořechy a kokos.
c) V malém hrnci na středním plameni vařte za stálého míchání arašídové máslo, javorový sirup, vanilku a mandlový extrakt asi 5 minut, nebo dokud se nerozpustí a nezvětší. Nalijte do mísy se suchými ingrediencemi a intenzivně míchejte, dokud se úplně nespojí.
d) Směs přendejte do připraveného pekáče a pevně přitlačte do těsně zabalené, rovnoměrné vrstvy. Zmrazte na 30 minut, poté nakrájejte na čtverce.

SLADKÉ STANDLE

88. No-Fail Koláčcrust

SLOŽENÍ:
- 1½ šálku univerzální mouky
- ½ lžičky soli
- ½ šálku veganského másla, studeného
- 4 až 5 lžic studené vody

INSTRUKCE:
a) Ve velké míse smíchejte mouku a sůl. Přidejte máslo a pomocí vykrajovátka nakrájejte máslo do mouky, dokud nebude připomínat hrubou kukuřičnou mouku, to znamená, že nebudou žádné velké viditelné kousky másla. (Pokud nemáte vykrajovač na pečivo, použijte 2 nože, které krájejte křížem krážem.)
b) Přidejte vodu po 2 polévkových lžících a rukama zpracujte těsto. Přidejte další vodu, po 1 lžíci, dokud se těsto nespojí do koule.
c) Těsto vyklopte na plastovou fólii a vytvarujte z něj kotouč. Těsto těsně zabalte a dejte asi na 30 minut do lednice, aby ztuhlo, než se rozvine.

89.Meringue bez vajec

SLOŽENÍ:
- 3 unce aquafaby
- ½ lžičky tatarského krému
- ¾ šálku krystalového cukru
- ½ lžičky vanilkového extraktu (volitelně)

INSTRUKCE:
a) Kovovou mísu (nebo mísu stojanového mixéru) vychlaďte v mrazáku na 15 až 20 minut, poté vytřete do sucha.
b) Pomocí elektrického ručního mixéru v míse nebo stojanového mixéru s nástavcem na šlehání šlehejte aquafabu a tatarskou smetanu na středně vysokou teplotu alespoň 6 minut, nebo dokud se nevytvoří měkké vrcholy.
c) Pokračujte v šlehání a postupně přidávejte cukr po 1 lžíci po dobu 15 až 20 minut, nebo dokud se nevytvoří tuhé špičky a pusinky nebudou mít lesklý lesk. Přidejte vanilku (pokud používáte) a šlehejte 1 až 2 minuty.

90. Ganache z tmavé čokolády

SLOŽENÍ:
- 1 (8 uncí) balení bezmléčné polosladké čokolády, nasekané
- 1 šálek kokosové smetany

INSTRUKCE:
a) Vložte čokoládu do střední misky.
b) V hrnci přiveďte smetanu k varu na středním plameni. Nalijte čokoládu a nechte 2 až 3 minuty uležet, poté promíchejte, aby se spojila.
c) Necháme mírně vychladnout a poté nalijeme na koláč.

91. Bezmléčná máslová poleva

SLOŽENÍ:
- 2 šálky veganského másla při pokojové teplotě
- 6 šálků moučkového cukru
- 1 lžička vanilkového extraktu
- Špetka soli

INSTRUKCE:
a) Pomocí elektrického ručního mixéru ve velké míse vyšlehejte máslo na středně vysokou teplotu, dokud nebude bledé a krémové. Snižte rychlost na střední.
b) Přidejte cukr, ½ šálku najednou, dobře promíchejte, asi 5 minut.
c) Přidejte vanilku a sůl. Zvyšte rychlost na středně vysokou a šlehejte asi 1 minutu nebo do hladka.

92. Náplň do jablečného koláče

SLOŽENÍ:
- 6 středních jablek Granny Smith, oloupaných a nakrájených na jemné kostičky (asi 4 šálky)
- 2 lžíce čerstvé citronové šťávy
- ½ šálku krystalového cukru
- ½ šálku baleného hnědého cukru
- ¼ šálku kukuřičného škrobu
- 1 lžička mleté skořice
- ¼ lžičky mletého muškátového oříšku
- 2 šálky vody
- 1 šálek jablečné šťávy
- 1 lžíce veganského másla při pokojové teplotě

INSTRUKCE:
a) Ve velké míse smíchejte jablka a citronovou šťávu.
b) V jiné misce smíchejte krystalový cukr, hnědý cukr, kukuřičný škrob, skořici a muškátový oříšek. Přidejte vodu a jablečný džus.
c) Šlehejte, aby se spojily. Směs nalijte do širokého hrnce a přiveďte k varu.
d) Snižte teplotu na střední, přidejte jablka a vařte asi 10 minut, nebo dokud jablka nezměknou a omáčka nezhoustne.
e) Odstraňte z ohně a přidejte máslo, míchejte, dokud se nezapracuje. Nechte vychladnout při pokojové teplotě asi 1 hodinu nebo do úplného vychladnutí. Přeneste do vzduchotěsné nádoby a chlaďte až na 3 dny nebo zmrazte až na 3 měsíce.

93.Datlovo-karamelová omáčka

SLOŽENÍ:
- 2 šálky datlí Medjool bez pecek, změkčené
- ¾ šálku kokosového mléka
- ½ šálku javorového sirupu
- 1 lžička vanilkového extraktu
- ¼ lžičky soli

INSTRUKCE:
a) Smíchejte všechny ingredience.

94.Vanilkový pudink

SLOŽENÍ:
- 1 hrnek kešu mléka
- 1 hrnek plnotučného kokosového mléka
- ½ šálku javorového sirupu
- ¼ šálku kukuřičného škrobu
- 1 lžíce vanilkového extraktu
- ⅛ lžičky mleté kurkumy

INSTRUKCE:
a) Ve středním hrnci vařte kešu mléko, kokosové mléko, javorový sirup, kukuřičný škrob a vanilku za stálého šlehání po dobu 5 až 10 minut nebo do zhoustnutí.
b) Sundejte z plotny a zašlehejte kurkumu.
c) Necháme úplně vychladnout.

95.Kokosová šlehačka

SLOŽENÍ:
- 1 (13,5 unce) plechovka kokosového krému, chlazená přes noc
- 2 lžíce cukru
- 1 lžička vanilkového extraktu

INSTRUKCE:

a) Opatrně otevřete a vydlabejte krémovou část z horní části plechovky, přičemž dejte pozor, abyste s plechovkou nijak netřásli. (Vodu si můžete nechat pro jiné použití – třeba smoothie.) Přeneste do misky.
b) Pomocí elektrického ručního mixéru šlehejte kokosovou smetanu na střední stupeň asi 2 minuty, poté zvyšte rychlost na vysokou a šlehejte 5 až 6 minut, nebo dokud se nevytvoří tuhé vrcholy. Přidejte cukr a vanilku a šlehejte 1 minutu.
c) Nechte v lednici, dokud není potřeba.

ŠVIČKY A KŘUPAVÝY

96.Jablečný Křupat Švec

SLOŽENÍ:
- 4 jablka, oloupaná a nakrájená na plátky
- 2 šálky cereálií granola, rozdělené
- ½ šálku zlatých rozinek
- ¼ šálku javorového sirupu
- ¼ šálku baleného hnědého cukru
- 2 polévkové lžíce rostlinného másla, rozpuštěného
- 1 lžička vanilkového extraktu
- 1 lžička mleté skořice
- ¼ lžičky mletého muškátového oříšku
- 1/8 lžičky mletého hřebíčku
- 8 šálků rostlinné vanilkové zmrzliny

INSTRUKCE:
a) Ve 4-litrovém pomalém hrnci jemně zahřejte jablka.
b) V misce smíchejte cereálie z granoly a dalších 8 ingrediencí; posypat jablky.
c) Vařte na LOW po dobu 6 hodin, přikryté.
d) podávejte na rostlinné vanilkové zmrzlině.

97. Borůvkový a broskvový křupavý

SLOŽENÍ:
- 6 šálků čerstvých broskví, oloupaných a nakrájených na plátky
- 2 šálky čerstvých borůvek
- ⅓ šálku plus ¼ šálku světle hnědého cukru (uchovávejte odděleně)
- 2 lžíce mandlové mouky
- 2 čajové lžičky skořice, rozdělené
- 1 šálek rychlovarného ovsa
- 3 lžíce margarínu z kukuřičného oleje

INSTRUKCE:
a) Předehřejte troubu na 350 stupňů Fahrenheita.
b) Kombinujte borůvky a broskve v pekáčku.
c) Smíchejte 1/3 šálku hnědého cukru, mouku a 1 čajovou lžičku skořice.
d) Vhoďte broskve a borůvky, aby se spojily.
e) Smíchejte oves, zbývající hnědý cukr a zbývající skořici.
f) Nakrájejte margarín, dokud nebude drobivý, a poté posypte ovoce.
g) Pečte 25 minut s.

98.Veganský Broskev Švec

SLOŽENÍ:
- 4 šálky nakrájených broskví (čerstvých nebo mražených)
- 1 hrnek cukru
- 1/4 šálku veganského másla, rozpuštěného
- 1 hrnek univerzální mouky
- 1 šálek mandlového mléka
- 2 lžičky prášku do pečiva
- 1/2 lžičky skořice
- 1/4 lžičky soli
- Vanilková zmrzlina (k podávání, volitelně)

INSTRUKCE:

a) Předehřejte troubu na 375 °F (190 °C).
b) V míse smíchejte nakrájené broskve a 1/2 šálku cukru. Nechte 15 minut uležet.
c) V samostatné misce smíchejte mouku, prášek do pečiva, skořici, sůl a zbývající 1/2 šálku cukru.
d) K suchým ingrediencím přidejte rozpuštěné veganské máslo a mandlové mléko a míchejte, dokud se dobře nespojí.
e) Těsto nalijeme do vymazané zapékací mísy.
f) Lžící nalijte na těsto broskvovou směs.
g) Pečte 40–45 minut nebo dokud není povrch zlatavě hnědý.
h) Před podáváním nechte mírně vychladnout. V případě potřeby podávejte s veganskou vanilkovou zmrzlinou.

99. Veganské Bobule Křupavý

SLOŽENÍ:
- 4 šálky míchaných bobulí (jahody, borůvky, maliny)
- 1/2 šálku ovesných vloček
- 1/2 hrnku mandlové mouky
- 1/4 šálku kokosového oleje, rozpuštěného
- 1/3 šálku javorového sirupu
- 1 lžička vanilkového extraktu
- 1/2 lžičky skořice
- Špetka soli

INSTRUKCE:
a) Předehřejte troubu na 350 °F (175 °C).
b) V míse smícháme rozmixované bobule a rovnoměrně je rozprostřeme do zapékací mísy.
c) V jiné míse smícháme oves, mandlovou mouku, rozpuštěný kokosový olej, javorový sirup, vanilkový extrakt, skořici a špetku soli.
d) Posypte ovesnou směsí na bobule.
e) Pečte 25–30 minut, nebo dokud není poleva zlatavě hnědá a bobule bublající.
f) Před podáváním nechte mírně vychladnout. Podávejte samotné nebo s veganskou šlehačkou.

100. Veganský jablečný skořicový drobeček

SLOŽENÍ:
- 4 šálky oloupaných a nakrájených jablek
- 1 lžíce citronové šťávy
- 1/3 šálku javorového sirupu
- 1 lžička vanilkového extraktu
- 1 lžička mleté skořice
- 1/4 lžičky muškátového oříšku
- 1 šálek ovesných vloček
- 1/2 hrnku mandlové mouky
- 1/4 šálku kokosového oleje, rozpuštěného
- 1/4 šálku nasekaných ořechů (volitelně)

INSTRUKCE:
a) Předehřejte troubu na 375 °F (190 °C).
b) V misce promíchejte nakrájená jablka s citronovou šťávou, javorovým sirupem, vanilkovým extraktem, skořicí a muškátovým oříškem. Směs rozprostřete do zapékací mísy.
c) V jiné míse smíchejte ovesné vločky, mandlovou mouku, rozpuštěný kokosový olej a nasekané ořechy (pokud je používáte).
d) Na jablka posypeme ovesnou směsí.
e) Pečte 30–35 minut, nebo dokud nebude poleva křupavá a zlatavě hnědá.
f) Před podáváním nechte mírně vychladnout. Podávejte s veganskou vanilkovou zmrzlinou nebo bezmléčným jogurtem, pokud chcete.

ZÁVĚR

Na konci naší cesty „Nejlepší Veganská Dezertní Kuchařka" vyjadřujeme naši upřímnou vděčnost za to, že jsme těmto rostlinným pochoutkám umožnili ozdobit vaši kuchyni. Kéž jsou vzpomínky vytvořené kolem těchto sladkých dobrot stejně sladké jako samotné dezerty.

Pamatujte, že zde dobrodružství nekončí; pokračuje ve vaší kuchyni, když znovu vytváříte a sdílíte tyto delikátní veganské cukrovinky s přáteli a rodinou. „Nejlepší Veganská Dezertní Kuchařka" není jen sbírka receptů; je to pozvánka, abyste si vychutnali radost z požitkářství bez viny a přispěli do světa, kde je každý dezert oslavou soucitu.

Ať je vaše kuchyně vždy plná vůně pečujících zázraků a kéž každé sousto těchto veganských pochoutek přinese nejen sladkost do vašeho patra, ale také pocit naplnění vaší duše. Šťastné dopřávání!

www.ingramcontent.com/pod-product-compliance
Lightning Source LLC
Chambersburg PA
CBHW050147130526
44591CB00033B/945